Josef Pembaur der Jüngere

Von der Poesie des Klavierspiels

Josef Pembaur

Bayreuth 19/8 1931

P i a n o P ä d a g o g i k
herausgegeben von Ludwig Striegel
Band 5

Josef Pembaur d. J.

Von der Poesie des Klavierspiels

- Reprint der 5. Auflage von 1919 -

Mit einem Nachwort
von
Ludwig Striegel

Musikverlag Burkhard Muth
Fachverlag für Musikpädagogik und Musikwissenschaft

Die Deutsche Bibliothek – CIP-Einheitsaufnahme

Pembaur, Josef:
Von der Poesie des Klavierspiels / Josef Pembaur d. J. – Reprint der 5. Aufl. von 1919 / mit einem Nachw. von Ludwig Striegel. –
Fernwald : Musikverl. Muth, 1998
(PianoPädagogik ; Bd. 5)
ISBN 3-929379-03-1

Musikverlag Burkhard Muth
Gartenstr. 27
35463 Fernwald

Tel. & Fax: 0641/ 494846
e-mail: Burkhard.Muth.Musikpaedagoge@t-online.de

ISSN 1433-724X
ISBN 3-929379-03-1
ISMN M-50102-012-6

Coverentwurf: Kraft Geer
Gesamtherstellung: Offset Köhler KG, 35396 Gießen

INHALTSÜBERSICHT

*

POESIE übersetzen wir mit Dichtkunst und verstehen darunter im besonderen die Kunst, Gefühle durch Gedanken in Worten zu verdichten, im allgemeinen aber die Kunst, Gefühle durch Gedanken in beliebigen Stoffen zu formen, sie z. B. in Tönen hörbar oder in Farben und Steinen sichtbar zu machen. Es handelt sich jedoch um ganz bestimmte durch die Gesetze der Ethik und Ästhetik gebundene Gefühle, Gedanken und Formen und um ein ganz vollendetes Zusammenwirken dieser drei, wenn man demselben das Beiwort «poetisch» zu geben die vollste Berechtigung haben soll. – Die eigentliche Heimat der Poesie liegt in den Gefühlen. Wenn ich den Frühlingshügel hinabwandle, die Gedanken auf die Ziele meiner Pflichten gerichtet, indessen unten über den Steg des fröhlich sprudelnden Baches der innige Jubel des kleinen Hochzeitszuges geht – und mein Herz schwingt nicht gleich mit in der freudigen Erregung der Bekränzten und ein wonniges Gefühl übertönt nicht ohne mein Zutun die Wünsche des Geistes, so bin ich für die Poesie der Freude unempfänglich – wenn ich auf der freien Waldbank sitze und sehe ins liebe Dörflein hinüber und denke an häusliche Dinge, und es schleicht auf einmal eine dunkle Reihe die Gassen entlang und die Glocken läuten bang – und ein schmerzliches Gefühl macht mein Wähnen nicht stille, so bin ich für die Poesie der Trauer unempfänglich. Wenn ich am Maimorgen ohne das Gefühl des Entzückens durch die blühenden Bäume der Sonne zueile, wenn ich im Sommer ohne Andacht in den dunklen Wäldern Ruhe halte, wenn ich vor der göttlichen Größe der Natur nicht in Demut verstumme, wenn ich ohne das Gefühl der Wehmut das Verfärben der Herbstblätter beobachte und ohne Rührung den Klang der Weihnachtsglocken durch die Sternennacht verfolge, bin ich der poetischen Gefühle unfähig. Wenn ich ohne Zorn zusehen kann, wie der Stärkere den Schwächeren quält, wenn ich, ohne Mitleid zu fühlen, mit dem Gedanken, der Tropfen macht das Meer nicht aus, an den Augen eines Flehenden vorübergehe, wenn ich ohne Stolz und ohne Dankbarkeit der Großtaten meiner Väter gedenke und ohne Heimweh nach dem Lande meiner Jugend zurückschaue, wenn ich ohne Humor die Späße der Frohen aufnehme, bin ich poetischer Gefühle unmächtig. Wenn Du von der heiligen Sehnsucht nie ergriffen wurdest, wenn Dich Erhabenheit nie erhoben hat, wenn Dich in heißen, dürren Zeiten nie die Gnade beschattet und erquickt hat, kannst Du Dichterseligkeit nicht an

Dir erfahren haben. Gott versenkt sich ja in die Seelen, um sich dann wieder in den dichterischen Gefühlen zu offenbaren. Diese Gefühle aber stimmen die Klänge unserer Brust und in solchen Stimmungen schwellen sie an und entfalten ihre Blütendolden und den Duft ihrer Fruchtbarkeit. Aber die oft berauschenden Düfte dürfen uns nicht betäuben, der Geist muß noch seine klärende Frische behalten und der Wille seine Kraft. Denn gerade, wenn sich das Licht des Geistes mit den Tönen der Stimmungen verwebt, werden die schillernden Farben der Phantasie lebendig, in denen alle Poesie so zauberisch leuchten kann und nur durch einen starken Willen, der die überschwängliche Phantasie zu großen Taten zusammenrafft, werden die poetischen Weltereignisse geschaffen. Wer den Märchenglauben der Kinder und das Wunderwähnen der Einfältigen verspottet, hat kein Herz für Poesie. Wenn Du einem Knaben erzählst, der Baum, den der Blitz erschlug, sei ein verzauberter Riese gewesen, der sein Haupt in den Himmel heben und seine Arme auf die schwächeren Brüder drücken wollte, aber so durch seinen Hochmut zu Falle gekommen wäre, oder dem Mädchen, daß beim Tode einer Heiligen reine Geister herniedergeschwebt sind, um die in so vielfachem Leide erprobte, demütige Seele im Jubel in die ewige Klarheit zu tragen — und die beiden Kinder haben kein Gehör für Deine Worte, werden sie auch nicht die Anlagen in sich tragen, aus denen die Blumen der Poesie hervorbrechen können. Die Liebe ist das Erdreich dieser Anlagen und in ihr wurzeln alle poetischen Gefühle. — Aber auch die Gedanken, die im Vereine mit den Gefühlen die Formen bestimmen, müssen aus dem Boden der Liebe kommen, wenn sie im poetischen Sinne fruchtbar sein sollen. Wenn Du in eine Kirche trittst und stellst Dich vor ein Altarbild und denkst dabei nur an die Kunstfertigkeit des Bildners und an den Preis, den er etwa mit seinem Kunstwerk verdient hat, bist Du eines poetischen Denkens unfähig, — wenn Dir aber angesichts der hohen Gestalt Christi der Gedanke an Deine Niedrigkeit aufsteigt — wenn Du die Größe seiner segnenden Liebe zu begreifen anfängst — wenn Du darüber nachdenkst, wie Du in Deine Selbstsucht ein Körnchen der Uneigennützigkeit des Erlösers säen könntest, daß es Frucht trüge, wenn Du in Betrachtung ziehst, wie Du die allumfassende Weichheit dieses Bildes in die engherzige Härte des Lebens hinaustragen und draußen lebendig machen könntest, dann sind Deine Gedanken poetisch, d. h. so, daß sie poetische Gefühle zum Ausdruck bringen können. Die poetischen Gedanken müssen aus Vorstellungen fließen, die auch der Ursprung poetischer Gefühle sein können, oder sie müssen großen, wahren, reinen, ethischen Gefühlen dienstbar sein. Poetisch ist z. B. das Erwägen der Einfachheit und Bescheidenheit, der Klarheit und Ehrlichkeit einer Erscheinung, insofern daraus etwa die Gefühle der Zuneigung und Hochschätzung erwachsen. Unpoetisch ist z. B. die Annahme, die Erfindung irgend eines neuen Verkehrsmittels würde den Menschen mehr nützen als ein wohlmeinender Blick in die Seele eines Unglücklichen, oder die Meinung, Christi durchaus poetische Gleichnisse könnten durch die von Geld und Maschinen regierte Praxis der heutigen Zeit entkräftet werden. «Mein Reich ist nicht von dieser Welt» — meine Menschenliebe läßt sich durch keine Berechnung und Zweckmäßigkeit, durch keine Nationalität und Konfession beschränken — meine Gedanken kommen nicht aus gefühllosem Erdreich — sie sind dort zu Hause, wo die Poesie ihre Heimat hat — sie kommen nicht aus der duftlosen Gehirnkammer eines die Freude hassenden Gelehrten, in der alle Blumen vertrocknet sind, nicht aus dem kalten Verstandesgewölbe eines Rechengenies, das der Welt ein neues Mordinstrument erfindet, nicht aus dem hohlen Herzen eines Millionärs, das nur von Gold und glatten Marmorwänden glänzt. Der einfachste Mann aber und die schlichteste Frau kann poetische Gedanken hegen! — Doch auch die F o r m e n müssen poetisch sein, wenn sie ein poetisches Gefühl durch einen poetischen Gedanken zu überzeugendem Ausdrucke bringen sollen. Sie dürfen vor allem nichts Abstoßendes, Unästhetisches an sich haben. Sie müssen das Abbild des ewigen Zeitenflusses sein. Die Unterbrechungen in ihren Linien dürfen nicht unbedingt erscheinen, ein liebender Zusammenhang muß auch zwischen den entferntesten Gliedern eines poetischen Kunstwerkes vorherrschen. Die Worte dürfen nicht aus den Versen, die Farben nicht aus der Perspektive, die Töne nicht aus den Perioden herausfallen, und umgekehrt dürfen die Formen nicht zu groß sein, so daß der poetische Inhalt in ihnen verschwindet und sie größtenteils als eine seelenlose Hülle erscheinen. Bei aller Gegensetzlichkeit muß Einheit, Beziehung der Teile herrschen und bei aller Einheitlichkeit Abwechslung, ein Streit, der eine gegenseitige Spannung, aber keinen Bruch herbeiführt, der gerade durch den Gegensatz den Zusammenhalt der in dem Kunstwerk lebendigen Kräfte steigert. Die poetische Form darf nie aufdringlich und in ihren Teilen zu gleichmäßig sein — ein Warenhaus wirkt unpoetisch, ein Häuschen im Villenstil regt Empfindung und Geist poetisch an. Die leere Absicht beleidigt. Man kann sein Äußeres nicht poetisch machen, wenn man es innerlich nicht ist. Man kann aber auch die poetischen Gefühle nicht veräußern, wenn man sie nicht in ein poetisches Gewand kleidet, ein Gewand, dessen Farbe den Blick der Scheuen anzieht, aber dem der Frechen unbedeutend erscheint. — So müssen Gefühle, Gedanken und Formen beschaffen sein, um eine nach jeder Richtung hin poetische Lebensbetätigung zu erzeugen. In einer solchen sind aber die reinsten Kräfte lebendig und wenn auch manchem die Erziehung zur Poesie den heutigen praktischen Zielen vielfach zu widersprechen scheint, so dürfen wir uns doch nicht verhehlen, daß sie die wahrhaft christliche ist und daß unsere Leiden um so größer werden müssen, je mehr die allgemeinen Bestrebungen von ihr abweichen.

Unter den Künsten, die sich nicht der Worte als Ausdrucksmittel bedienen, ist vor allem die Musik der Poesie fähig. Als Sprachorgan derselben hat sie auch ihre höhere Lebensberechtigung. Jede nur mit dem berechnenden Verstande ausgeführte Komposition oder Reproduktion beraubt sie dieser und damit auch ihrer tiefen Wirkung und ihres eigentlichen Nutzens für uns Menschen. — Wir müssen aber alles, was wir tun in der Absicht vollbringen, es zu seinem idealsten Ziele zu führen, denn nur so werden wir unserem eigentlichen Lebenszweck, das Gedeihen der Seele zu fördern, gerecht. — Es ist eine heutzutage oft bemerkbare, betrübende Erscheinung, daß man in der Kunstleistung den ethischen Standpunkt zu wenig berücksichtigt. Wenn ein Reicher seine Mittel für unschöne Zwecke verwendet, wird er allenthalben getadelt — aber wenn ein Künstler sein Können mißbraucht, wird er oft noch als interessant bewundert. Als reproduzierende Musiker fördern wir das Leben der Psyche am meisten, indem wir das Wort Virtuose (vom lateinischen virtus: die Kraft, die Tugend) im geistigen Sinne fassen und Schüler wie Zuhörende zur Tugend erwecken. Diese Erweckung bildet die einzige wahrhaft klassische Künstlererziehung — klassisch ist nicht, was die Nachwelt aufbewahrt, denn sie kann auf Abwege geraten und das Licht verlieren — klassisch ist das Gute, das Wahre, das Reine, das Große, das Poetische! Sowie die Priester der Kirche sollten die Priester der Kunst das schönste Amt, die Menschenseelen zu führen, auf sich nehmen können. Erziehung des Geistes! Erziehung des Körpers! Nur das Gemüt muß so oft als Autodidakt durchs Leben gehen! — Die Feinfühligkeit ist unserer Kunst, ist unserer Zeit zu gewinnen! Die Gefühlsquellen sind aus den Schluchten der Freude wie der Trauer zu erschließen. Ein zartbesaiteter Mensch darf nicht als nervös und schwach verlacht werden — er kann dem Nächsten mehr nützen als ein kräftiger — sein Ohr hört auch die verborgensten Bronnen rauschen, er durchschaut die dunkelsten Seelentiefen seiner Mitmenschen, sein Wille versteht nicht bloß die selbstbedachte Vorsicht, sondern auch die uneigennützige Rücksicht — seine Gefühlsharfe erbebt beim leisesten Hauch, der aus der Brust eines andern flehend herüberweht. So wie ein seelisch feiner Mensch kann kein Mensch lieben. Man behauptet oft, man müsse die Schattenseiten des Lebens in ihrer ganzen Kälte an dem eigenen Leibe gefühlt haben, um tief empfinden zu können. Daß dies nicht so ist, erfahren wir z. B., wenn wir Kinder in ihren Beziehungen zu Tieren beobachten — die einen ergötzen sich an den Qualen derselben, die anderen weinen selbst, wenn sie ein leidendes Tierchen, etwa einen aus dem Neste gefallenen Sperling, am Wege liegen sehen. Dem feinfühlenden Herzen wird der kleinste Schmerz zum größten Weh, die kleinste Freude zum größten Jubel. Wir fördern die Seelen am meisten, wenn wir sie feinfühlend machen. Die Tonkunst ist das beste Mittel dazu. In ihr liegen die süßesten und die bittersten Gefühlskeime begraben, dem nachschaffenden Künstler ist es vergönnt, diese in seinem eigenen Herzen zu hohen Blumen auferstehen zu sehen, und dem verständigen Zuhörer ist es gegeben, deren Duft durch seine Brust ziehen zu lassen, damit er alle verwandten Blumen darin umkose und zu neuem Blühen bringen möge. Die Musik vermittelt die feinsten Nüancen der seelischen Farbenstimmung, sie veranlaßt den Zuhörer, die eigene Brust darauf einzustimmen, sie erweckt in ihm dieselben Gefühle, die der Komponist beim Schaffen hatte, ruft sogar assoziierte, verwandte Gedanken wach und erweckt endlich die Tatenlust zu Werken, welche in den entsprechenden Gefühlen und Gedanken ihrer Verwirklichung harren. Die Musik kann also nach jeder Richtung der Lebensbetätigung hin poetisch anregend sein — sie ist in diesem Sinne Programmusik, wenn auch das Programm nicht aufgeschrieben ist, und ihre vollkommene Wirksamkeit wird nur davon abhängen, ob der Zuhörer ein entsprechend allseitig durchgebildeter Mensch ist, dessen

Fühlen, Denken und Handeln harmonisch ineinander fließt, dessen Grundcharakter poetisch genannt werden kann.

Das Klavier ‹vom lateinischen clavis: der Schlüssel, weil durch Berührung der Tasten ‹claves› die Töne erschlossen werden› aber ist das vorteilhafteste Instrument zur Verlebendigung der poetischen Seite der Tonkunst, und zwar deshalb, weil es die Elemente der Musik: Melodie, Rhythmus, Metrum und Harmonie in entsprechendem Tempo wiedergibt und so die in der Musik niedergelegten Gefühle, Gedanken und Willenswünsche am lebendigsten zum Ausdruck bringt.

Um diese zu erkennen, muß man nun aber zunächst Melodie, Rhythmus, Metrum und Harmonie verstehen lernen, denn es ist ein großer, noch immer vielfach verbreiteter Irrtum, daß die Musik bis ins Kleinste allgemein verständlich wirke. Natürlich, einen gewissen Eindruck macht sie auf jeden Hörer, der nicht taub ist, aber wir sollten uns nicht darüber täuschen, daß derselbe oft mehr physischer als psychischer Art ist. Da und dort ist es nur ein Traurigmachen und Freudigstimmen ganz allgemeiner, gewöhnlicher Stärke, welches an die feine seelische Wirkung auf einen musikalisch verständigen Hörer nicht heranreicht. Die Melodie kann z. B. mit den Linien, die Harmonie mit den durch dieselben entstehenden Gebilden, der Rhythmus mit der Lichtverteilung auf diesen und das Metrum mit dem im allgemeinen der Zeichnung zugrunde liegenden Größenverhältnis verglichen werden – wie wenige können den wahren Wert einer Radierung schätzen, und doch urteilen sie über die Idee und die Darstellung derselben im Kunstwerk, als ob sie die einzig dazu Berechtigten wären! Man versteht unter Melodie ‹vom griechischen melos: der Gesang›: eine durch die natürliche Art des Atmens geteilte Gliederkette von sangbaren, d. h. nicht zu sehr und zu oft springenden Tonfolgen, deren einzelne Töne wieder nach den Gesetzen des Rhythmus, des Metrums und der Harmonie geordnet sind, unter Rhythmus ‹vom griechischen rhythmos: abgemessene Bewegung›: die aus dem Bedürfnisse des Wechsels von Bewegung und Ruhe sich ergebende verschiedene Länge der Töne, unter Metrum ‹vom griechischen metron: das Maß›: die verschiedenartige, regelmäßig sich wiederholende Anordnung der langen und kurzen Noten und den daraus sich ergebenden Gewichtsgehalt der verschiedenen Töne, unter Harmonie ‹vom griechischen harmonia: Gefüge›: die aus der Gleichzeitigkeit verschiedener Töne sich ergebenden Klänge, deren Reinheit durch die Naturerscheinung der Obertöne festgelegt ist.

Die Hauptfragen an den Schüler beim Beginne des Studiums eines Stückes seien: Was versteht man unter Melodie, wo ist die Melodie in dem betreffenden Musikstück und welcher ist der Charakter dieser Melodie. Der kleinste Teil einer Melodie: das Motiv (vom lateinischen movere: bewegen) muß nicht nur als Bewegungs-, sondern auch als Gefühlskeim aufgefaßt werden. Das Wort Bewegung ist rhythmisch und mechanisch zu verstehen. Das letztere insofern, als sich die Bewegungsform für das betreffende Motiv nach der Tastenlage richten muß, über welche dies sich erstreckt, z. B.

J. S. Bach, Wohltemp. Klavier, I. Teil, Präludium, C moll

etc.

‖ | sind Phrasierungszeichen

Hier ist das kleinste Motiv der rechten wie der linken Hand nicht nur der Keim der weiteren rhythmischen Bewegung des Stückes, sondern auch der mechanischen Bewegung des Armes, welche sich oben nach je sieben Tönen nach rechts und unten nach je sieben Tönen nach links vollzieht. Der Gefühlsinhalt eines Motives ist schon aus dessen Auftakt zu erkennen, wie man die Persönlichkeit einer Bühnengestalt schon am ersten Schritt erkennen kann, den sie in der Szene macht. Darum ist z. B. die Sechzehntelfigur leicht und anmutig,

J. S. Bach, Wohltemp. Klavier, I. Teil, Fuge, C moll

etc.

das Auftakts-c breit und würdig,

L. v. Beethoven, Variationen, Op. 34

etc.

die Auftaktsfigur mit Kraft und Entschlossenheit zu spielen.

R. Schumann, Aufschwung, Op. 12, No. 2

etc.

Die Hermeneutik der Motive, d.h. die seelische Deutung und Personifizierung derselben ist eine Hauptbedingung der poetisch vertieften Darstellung, z.B.

W. A. Mozart, Phantasie, C moll, No. 18 (Peters-Ausgabe)

etc.

Wie eine große, gravitätisch dahinschreitende Gestalt in dunkeln Gewändern, welche in schmerzlicher Sehnsucht die Arme langsam emporstreckt und sie wieder müde sinken läßt.

L. v. Beethoven, Sonate, Op. 2, No. 2, 1. Satz

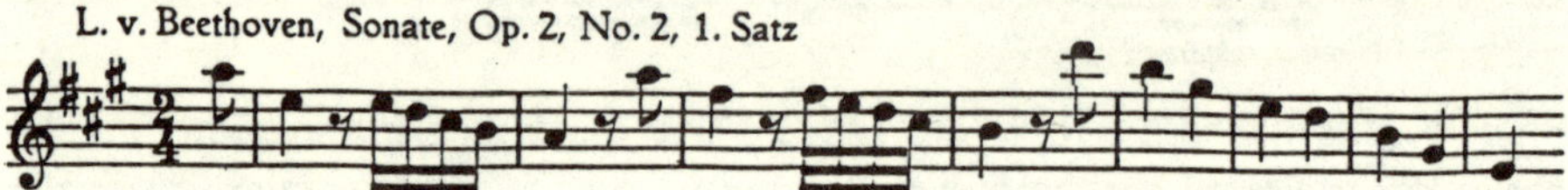

etc.

Lustig und leicht, wie ein fröhlich über Felsblöcke springender Hirtenknabe.

Fr. Liszt, Fränziskuslegende, No. 2

etc.

Im Glauben sicher und bestimmt dahinwallend, festgegründet und froh in der Hoffnung.

R. Schumann, Coquette aus Carnaval, Op. 9

etc.

Leicht beschwingt im Tanze daherfliegend – mit blitzenden Augen.

Die genaue Übertragung der Buchstaben in Töne, wie z. B. in den Namen Bach und Gade ergibt für die betreffenden Individualitäten charakteristische Motive. Ein hierher gehörendes Beispiel bildet auch das von Josef Pembaur sen. auf die Worte «ade Bagage» komponierte Scherzo:

Die Kenntnis der übertragenen Worte hilft jedenfalls auch den Vortrag des aus ihnen entstandenen Motives vertiefen!

So wie sich dem Bergmann die Art zu arbeiten aus dem Stoff ergibt, den er zu heben hat, so ist die Technik des Künstlers, der aus den Schachten der Tonwerke die Goldadern ans Licht bringt, dem Inhalte des Kunstwerkes anzupassen, welches er darstellen will. Technik ist in der Kunst die Fähigkeit des Körpers, der Seele dienstbar sein und zu ihrem Ausdruck verhelfen zu können. Unter Klaviertechnik verstehen manche nur die den schwungvollen Ausdruck verneinenden, eckigen Auf- und Ab- oder Links- und Rechtsbewegungen der Finger, Hände oder Arme, wogegen Fr. Liszt den Begriff sehr gut näher bestimmt mit den Worten: «Aus dem Geiste schaffe sich die Technik, nicht aus der Mechanik» womit er meint, daß nicht nur die Technik in ihren mechanischen Betätigungen geistvoll, ästhetisch abgerundet sein soll, sondern auch, daß sie dem geistigen Gehalt der Komposition dienstbar gemacht werden möge. Der Klaviertechnik muß eine von den Nervenzentren ausgehende, alle Muskelgruppen und Gelenke bis zu den Fingerspitzen zu harmonischem Ineinanderwirken zwingende Kraft zugrunde liegen. Vorbedingung ist die feinste Beweglichkeit der Glieder in den Gelenken, denn sie allein ermöglicht eine flüssige Übertragung des Impulses auf die Tastatur. Irgend eine Steifheit würde in der Betätigung des Körpers eine ähnliche Störung hervorrufen, wie eine parteiliche Anschauung im Leben des Geistes. Der Körper würde ebensowenig zur Ausführung aller schönen Bewegungen geeignet sein, wie der Geist zur richtigen Beurteilung aller Mannigfaltigkeit innerhalb des Guten und Schönen. Erst wenn man die lockere Führung der Glieder vollkommen beherrscht und ihr einheitliches Zusammenwirken, kann man je nach der Beschaffenheit einer Stelle auch einzelne Muskelgruppen gespannter und andere lockerer oder auch alle gespannt betätigen. Als oberster Grundsatz gelte: So reich wie das Seelenleben muß auch das technische Vermögen sich gestalten können. Der Sitz am Klavier sei so gewählt, daß er eine möglichst freie (früher immer durch den absichtlich festgehaltenen rechten Winkel im Ellbogengelenk gehemmte) Oberarmbewegung und Einwirkung auf die vorderen Gliedmaßen und die Tasten gestattet — am besten eine kleine, in ihrer Höhe verschieden einstellbare Bank, welche auch ein Verrücken des Körpers nach rechts oder links wie bei den Orgelbänken während des Spiels möglich macht. Es gibt keine in allen Fällen gültige Finger-, Hand-, Arm-, Oberkörper- und Fußstellung. Letztere muß im allgemeinen so sein, daß der rechte Fuß auf dem rechten, der linke vor dem linken Pedale liegt, damit er bei Benutzung desselben nur leicht vorgeschoben zu werden braucht. Bei der heftigsten Krafteinwirkung kann sich der zurückgezogene linke Fuß sehr vorteilhaft als Stütze des schwingenden Oberkörpers verwenden lassen. Das Umschlingen der Stuhlbeine oder Aufstützen auf die Fußspitzen, wobei die Knie krampfhaft gegen den Klavierboden gepreßt werden, sind aber Unarten, hinter denen sich oft Steifheiten der Oberkörper- und Armbewegung verstecken. Der Oberkörper soll gerade, aber nicht steif gehalten werden; seine Bewegungen nach vor- und rückwärts, rechts und links müssen ungezwungen mit den entsprechenden Armbewegungen zusammenfließen. Der Arm muß im Ruhezustand locker sein, das heißt aber nicht, daß er von den Rückenmuskeln im Schultergelenk festgehalten werden und federleicht erscheinen soll, sondern, daß er, von diesen freigegeben, sein Gewicht auf die Tasten wirken lasse. Der Wille kann den dadurch entstehenden Druck durch Zurückhaltung verkleinern oder durch mehr oder weniger starkes Anspannen der Muskulatur vergrößern. Ohne letzteres können wir bei stärkeren Betonungen nicht auskommen, ebensowenig, wie man etwa eine verhältnismäßig starke Papphülle mit dem lockeren Armgewicht einzuschlagen vermögen wird. Die große Kunst besteht aber darin, Spannung und Lösung der Muskulatur in fortwährendem «Ineinanderaufgehen» zu erhalten. Beim einzelnen Üben der Arme sehe man sehr darauf, ob der nicht spielende Arm überflüssige Bewegungen in den Fingergelenken oder im Handgelenk mitmacht oder sich versteift. Im Ellbogengelenk, dessen Bewegungen die des Schulter- und Handgelenkes ergänzen müssen, soll, wenn der ruhende Arm vom Körper infolge weiter Lagen absteht, die senkrecht nach abwärts verlangende Schwerkraft des Oberarms fühlbar werden. Ein Festhalten des Oberarms in vertikaler Lage ist ebenso fehlerhaft, wie das nur rein äußerliche, affektierte Hin- und Herwerfen desselben im Ellbogengelenk. Das Handgelenk muß zwischen Hoch- und Tiefstellung bei Wiederholung desselben Tones in senkrechter, bei der Folge verschiedener Töne in wagerechter-elipsenartiger Bewegung wechseln können. Seine Beweglichkeit ist nun gewissermaßen passiv, d. h. durch den in den Fingerspitzen auf den Tasten festgehaltenen Arm diktiert, während sie früher aktiv war, wobei Ober- und Unterarm ruhig gehalten wurden. Die Fingergelenke müssen in der etwa über einen großen Ball weitgewölbten Hand feststehen können, so daß die Finger nur ganz leicht gekrümmt sind. Sie müssen den stärksten Anprall der Kraft durch den Arm ertragen können. Eine spezielle Trainierung halte ich aber für überflüssig – die Fußgelenke eines Kindes werden ja auch nicht im Tage so und so viel hundertemale auf und ab bewegt, damit sie dann den Körper tragen können, sondern sie bekommen die Kraft eben durch das Tragen. Die Fingerspitzen bleiben mit Ausnahme derjenigen Stellen, wo weit auseinanderliegende Noten voneinander getrennt werden sollen, fast immer in Fühlung mit der Tastenoberfläche – sie seien die Vermittler der von dem Drucke der Gefühlsatmosphäre eines Stückes abhängigen Initiative unseres Willens und der daraus resultierenden Einwirkung des Armes und der Hand. Das beste Vorbild für die Fingerhaltung kann uns z. B. die mechanische Einrichtung eines Phonola-Apparates sein, die ja auch sozusagen unmittelbar an den Tasten wirkt. Sie vermeidet dadurch das klappernde Auffallen, vermindert das unbeabsichtigt ungebundene Spiel und vermag auf diese Weise z. B. im sogenannten Reproduktionsklavier eine lebendige Photographie des seelischen Zustandes zu geben, in dem der Pianist sich befunden hat, als er für den betreffenden Apparat spielte. Wenn der 2., 3., 4. und 5. Finger in den weißen Tasten ruhen, befindet sich der nicht spielende Daumen vor denselben. Die ungleiche Fingerkraft wird durch den gleichmäßigen Druck der Arme möglichst aufgehoben. Man sehe besonders immer darauf, ob der 5. Finger ruht und so den lockeren, schweren Arm trägt. René Maria Rilke erzählt in seiner poetischen Prosa über den Bildhauer

Rodin von den Seelen der gemeißelten Hände. Auch die Klavierspielerhände müssen in ihrer Muskelspannung die verschiedensten Gefühlszustände zum Ausdruck bringen können. In einer verzweifelten Hand sind die Muskeln mehr gespannt, als in einer hoffensseligen, in einer trotzigen mehr, als in einer reuigen, z. B.

Fr. Chopin, Etüde, Op. 10, No. 12

verzweifelt!

Fr. Chopin, Etüde, Op. 10, No. 8

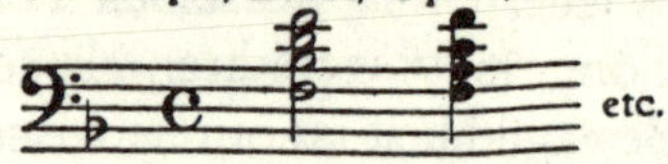

hoffensselig!

J. Brahms, Ballade, Op. 10, No. 1

trotzig! reuig!

Die Bewegung über die Tasten sei eine durch die Drehgelenke der Hände, der Ellbogen und der Schultern vermittelte, elipsenartige. Die neuerdings in die Praxis eingeführte Bogenklaviatur leistet übrigens einer ästhetisch beherrschten Bewegungsform der Arme besonderen Vorschub. In dem Spiel an den Tasten wird auch erst die durch die neuesten Berechnungen so sehr gesteigerte Repetitionsfähigkeit des Hammers in entsprechender Weise ausgenützt und die Schnelligkeit der Passagen bis zur äußersten Grenze gesteigert. Bei wiederholtem Anschlagen derselben Taste ist der früher übertrieben oft verwendete Fingerwechsel tunlichst zu vermeiden. Jedes Schlagen und Werfen unbeseelter Massen widerspricht der Schönheit und Güte einer vollendeten Darstellung. Es handelt sich immer um die innerlichste Beweglichkeit, aber nicht um die äußerlichste Bewegung. Die Harmonie der Technik und ihr Zusammenklingen mit dem seelischen Gehalt eines Stückes hat Fr. H. Clark zu ergründen begonnen. Die Bewegungen teile ich nach den musikalischen Gebilden, die sie zu überwinden haben, in solche nach tonleiterartigen und solche nach akkordartigen Figuren. Zu den ersteren gehören zunächst die sogenannten Stützfingerübungen – Übungen für die Tonerzeugung durch einzelne Finger, während andere sich in die tiefliegenden Tasten senken und die sich auf sie stützenden Arme tragen. Diese behalten nach wie vor ihren elementaren Wert, nur muß festgestellt werden: 1. daß die Unabhängigkeit der Finger voneinander nicht dadurch erreicht wird, daß man die nichtspielenden Finger fest in die Höhe spannt, sondern daß man sie entweder mit ihrem Eigengewicht locker auf den Tasten oder als Stützfinger mit dem Armgewicht schwer in den Tasten ruhen läßt, 2. daß die Bewegung der spielenden Finger nur so hoch sein soll, daß durch das Heben der Ton aufhört, die Taste aber von dem Finger gar nicht verlassen wird, 3. daß diese Tätigkeit ihrer mechanischen Seite nach jedem normalen Menschen möglich ist und vor allem eine Studie für das Gehirn bedeutet, weshalb sie die ganze Aufmerksamkeit des Denkvermögens erfordert. Der letzte Tastendruck vor Benutzung der nächsten Taste ist ohne Ton zu nehmen, was ich durch eine Null unter der betreffenden Note bezeichne. Dadurch wird das unschöne Ineinanderklingen der Töne vermieden und außerdem das Druckgefühl verfeinert, z. B.

etc.

Ein Literaturbeispiel für die Anwendung des tonlosen Drucks ist

L. v. Beethoven, Sonate, Op. 2, No. 2, 1. Satz

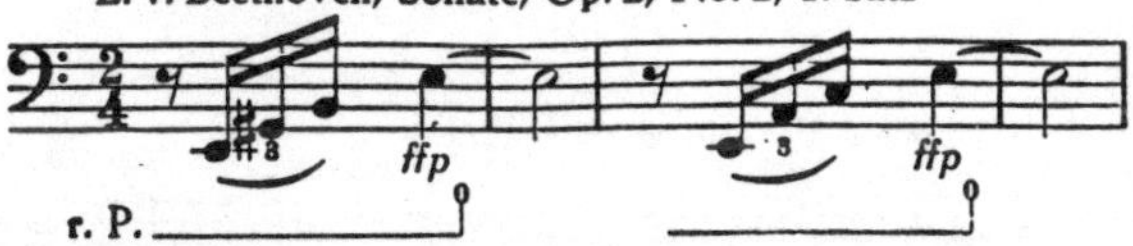

etc.

Erklärung des Pedalzeichens Seite 41

Der Daumen wird ganz wenig, nachdem der Fuß sich zu heben begonnen, wieder tonlos in die Taste gedrückt. Alle Übungen sind erst mit jeder Hand allein und symmetrisch zu üben. Die Tastenlage ist symmetrisch, d. h., wenn man sie an bestimmten Stellen teilt, kann man die Teile so aufeinanderlegen, daß sie sich ganz decken, d und as sind die symmetrischen Mittelpunkte, an denen die Teilung vorgenommen werden kann. Am besten nimmt man das eingestrichene d, welches auch ziemlich der Mittelpunkt der ganzen Klaviatur ist, als Ausgangspunkt für die symmetrischen

Übungen. Die Symmetrie der Tastatur entspricht der unseres Körpers und kann infolgedessen vorteilhaft dazu ausgenutzt werden, beiden Händen räumlich dieselbe Stellung zuzuweisen und ihnen also technisch ganz dieselbe Aufgabe zu geben, z. B.

Natürlich ist Beispiel b nicht mit beiden Händen zugleich zu üben! Eine besondere Aufmerksamkeit in technischer Hinsicht verdienen die kanonischen Übungen. Unter Kanon versteht man in der Musik jene Gesetzmäßigkeit der Stimmführung, welche es möglich macht, daß eine Tonreihe von zwei Stimmen dermaßen vorgetragen wird, daß die zweite diese Reihe um einen bestimmten Zeitwert später und um ein bestimmtes Intervall höher oder tiefer beginnt und dann mit der ersten Stimme gleichzeitig fortsetzt. Diese Übungen sind deshalb so vorteilhaft, weil sie eine besondere Selbständigkeit in der technischen, musikalischen und seelischen Darstellung erfordern, z. B.

Jos. Pembaur sen. «Gymnastik der Finger und Hände»

Man versuche vor allem die melodischen Flexionen in beiden Händen selbständig nachzuempfinden, später aber auch verschiedene Tempi, Anschlagsarten, Tonstärken und Lagen an der Tastatur, Versetzungen in andere Tonarten und nach Moll anzuwenden und man wird die Zweckmäßigkeit solcher Übungen entsprechend einschätzen lernen! Der Lehrer soll schon bei den einzelnen T o n l e i t e r t e i l e n auf den Inhalt aufmerksam machen, den diese in gewissen Tonarten, Stärke- und Zeitmaßen usw. bekommen. Fragen wir uns z. B., welchen Charakter hat der erste Teil der H dur-Tonleiter der rechten Hand vom eingestrichenen h bis zum zweigestrichenen e und wieder zurück, andante und *p* mit crescendo und decrescendo in gleichen Notenwerten gespielt:

Es hebt sich nur wenig und sinkt wieder in sich selbst zurück. Es ist wie ein leises Atmen im Schlafe, wie ein Blumengruß aus dem nahen kleinen Gärtchen, wie ein Lächeln im Traume, wie ein süßer Wunsch, eine fromme Hoffnung, eine fröhliche Ahnung. Und der Charakter der symmetrischen Figur der linken Hand dazu:

Es senkt sich nur wenig und hebt sich dann wieder in die ursprüngliche Lage — eine kleine Trübung — ein kurzes Hinabschauen in das eigene Dunkel und dann «Wiederandieoberflächekommen», ein Locken der Wehmut, eine Mahnung der Melancholie. Und die technische Ausführung ist dementsprechend, der nicht zu schwere, lockere Arm wiegt sich wie träumend in den Tasten — kein Fingerhub über die Tastenfläche darf die Gebundenheit – das legato stören, nur eine ganz weiche Drehung im Handgelenk ist kaum sichtbar. Auch die ganze Tonleiter – für den Klavierstudierenden eine Leiter, um zu einem guten Ton zu gelangen – ist zunächst weich und wellenförmig in die Tasten hineinzuformen. Zwei Finger sind dabei immer gleichzeitig tätig – einer, indem er den Ton erzeugt, und einer, indem er die Taste berührt, durch welche der nächste Ton erschlossen wird. Die im Ausdruck absolut gleichmäßige Darstellung der Skalen bildet eine Ausnahme im Gebrauche zur poetischen Veranschaulichung – sie charakterisiert z. B. – die Ruhe vor dem Sturm, oder die Kraftlosigkeit nach der Erregung – oder auch das Einweben der Sinne in eine andachtsvolle, selige Stimmung, z. B.

L. v. Beethoven, Sonate, Op. 57, 1. Satz

L. v. Beethoven, Sonate, Op. 81, 1. Satz

Fr. Liszt, Sonate, H moll

Man verlange aber auch nicht immer metrisch gegliederte Tonleitern, da solch' metronomisches im Takt Spielen leicht das Gefühl für den freien Rhythmus stört. Dagegen lasse man die Skalen verschieden rhythmisieren, z. B.

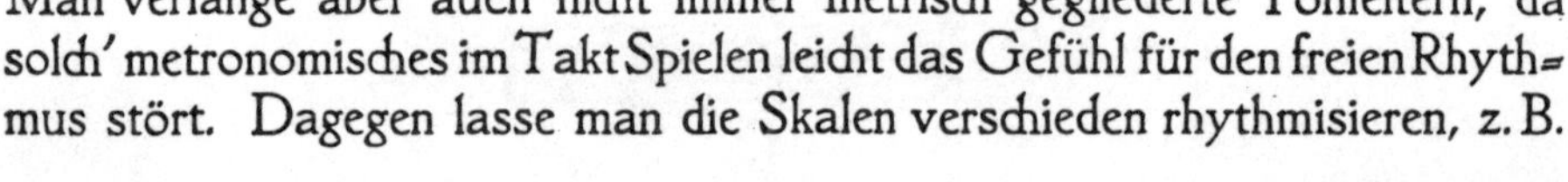

Soll die Ausführung einer Tonleiter später allen Anforderungen der Poesie gerecht werden können, muß sie schon früh zur Entwickelung dynamischer und agogischer Nüancen (Stärke- und Zeitgrad-Unterscheidungen) herangezogen werden. Alle Tonleitern sollen auch melodisch umschrieben, durchwegs mit demselben Fingersatz, in den verschiedensten Phrasierungen und Anschlagsarten, in Terzen, Sexten und Dezimen, wie in Gegenbewegung, dann in Doppelterzen und Sexten, in Sext- und Quartsextakkorden und in Doppeloktaven geübt werden, z. B.

Bei den Doppeloktavenskalen soll der Arm nicht untätig, sondern führend sein, die Finger aber sollen möglichst an den Tasten bleiben. In eine Bewegung vom tiefsten Stand des Handgelenks bis zum höchsten und wieder zurück, wobei sich der leitende Arm oft sehr vorteilhaft vom Rande der Tasten in dieselben hinein und wieder heraus bewegt, indem er etwa eine

Ellipse auf der Tastatur beschreibt, können je nach dem Tempo, der motivischen Gliederung und der Tastenfolge mehr oder weniger Oktaven untergebracht werden. Dur- und Mollskalen sollen auf Grund der symmetrischen Tastenlage, welche Th. Wiehmayer in seiner Tonleiterschule zur Basis des Skalenstudiums gemacht hat, geübt werden. Man beginne in der rechten Hand mit H dur und in der linken mit Des dur, schließe dann Fis dur und Ges dur an und übe so die ganze Reihe, dem Quintenzirkel nach, durch. Unter diesem ist der Kreislauf zu verstehen, welcher gemacht wird, wenn man sich durch alle Tonarten in reinen Quinten auf- oder abwärts weiterbewegt, bis man wieder bei der ursprünglichen Tonart angelangt, z. B.

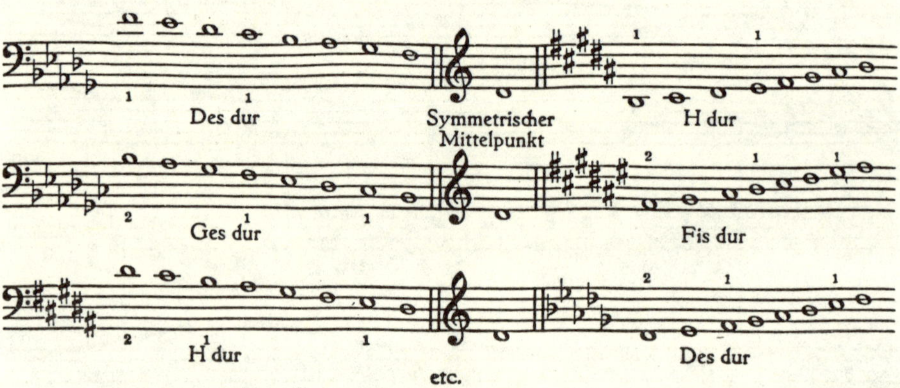

Auch die linke Hand in der ursprünglichen Lage und die rechte in der symmetrischen ist durch alle Tonarten allein zu üben – und dann die gleichlautenden Skalen auch vom neugefundenen Anfangston aus mit beiden Händen zusammen. Daß sich die Anfangs- und Endnoten der durch die Symmetrie gewonnenen Tonleitern nicht mit den Grundtönen derselben decken, schadet nicht, im Gegenteil, dadurch steigert sich die Freiheit der Bewegung und die Sicherheit im Feststellen der Tonarten. Die durch Symmetrie der Durtonleitern gewonnenen Skalen entsprechen übrigens dem phrygischen Kirchenton, z. B.

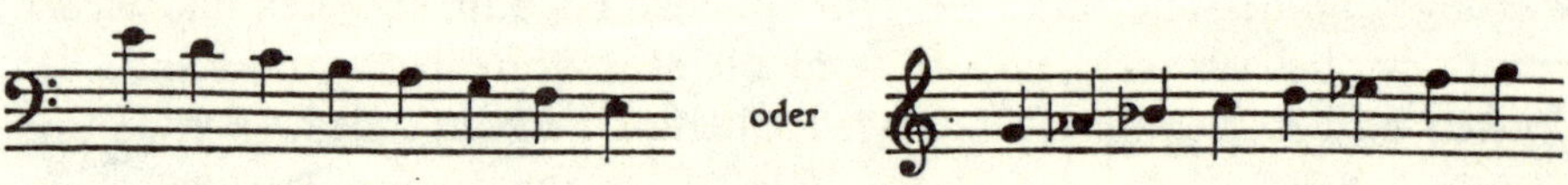

Ein besonderes Interesse gewinnt die symmetrische Tonleiterübung noch dadurch, daß wir gezwungen sind, die sogenannten harmonischen und melodischen Molldurtonleitern in die Übung hereinzunehmen, wodurch sich die Aufgabe in harmonischer und somit poetischer Hinsicht sehr belebt, z. B.

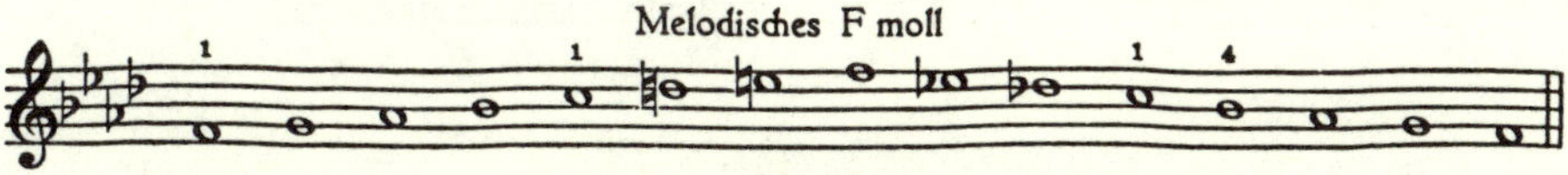

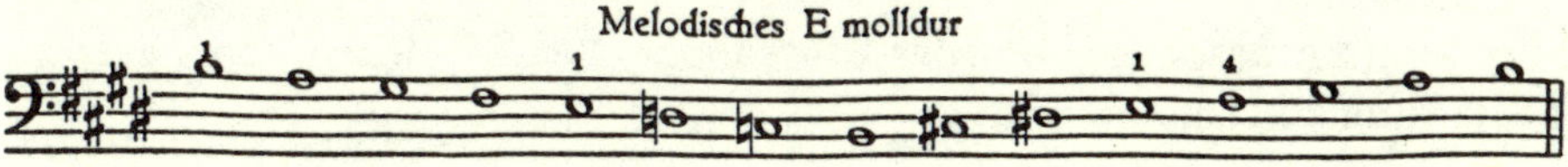

Auch das Studium der sogenannten Zigeunertonleiter (harmonische Molltonleiter mit erhöhter Quart) ist sehr empfehlenswert. Beim Über- und Untersetzen ist das Vorgreifen der mittleren Finger oder des Daumens mit Festhaltung des Hand- und Ellbogengelenkes nach Tunlichkeit zu vermeiden – entweder wird durch den letzteren oder die ersteren der Mittelpunkt für die Drehung des ganzen Armes gebildet, z. B.

Übrigens ist auch dem Studium des Überstreckens der längeren über die kürzeren und des Unterstreckens der kürzeren Finger unter die längeren ohne peinlichen Zwang eine besondere Sorgfalt zuzuwenden, weil derartige Probleme, die eigentlich aus der unschuldigen Jugendzeit unserer Technik stammen, da man nur mit dem 2., 3. und 4. Finger spielte, besonders in der Bachschen, dann aber wieder in der Chopinschen und neueren Literatur zu lösen sind, z. B.

J. S. Bach, Wohltemp. Klavier, I. Teil, Fuge, Es moll

R. Schumann, Phantasie, Op. 17, 1. Satz

Hier sei noch besonders auf das Glissando – das Gleiten von Taste zu Taste aufmerksam gemacht, z. B.

Fr. Chopin, Ballade, Op. 47

R. Schumann, Papillons, Op. 2, No. 11

Bei dem zweiten Beispiele muß die Bewegung des Handgelenkes mit der der Daumenglieder zusammenwirken, um ein möglichst gutes Legato zu erzielen. Besondere Beachtung erfordert auch das Studium der chromatischen Tonleiter, welche mit ähnlichen Varianten wie die anderen Tonleitern zu üben ist. Der Fingersatz richtet sich nach dem Stärke- und Schnelligkeitsgrad, in dem die Skale gespielt werden soll. Im schnellsten Tempo und der geringsten Tonstärke verwendet man vorteilhaft die Fingergruppe 1–5, im mittleren Tempo und mittlerer Stärke den Wechsel der Fingergruppen 1 – 3 und 1 – 4, im langsamsten Tempo und der größten Tonstärke 1, 2 oder 1, 3 mit 1, 2, 3 wechselnd! Der Fingersatz der diatonischen Tonleitern richtet sich nach dem Grundsatz, daß möglichst von der Unter- zur Obertaste über- und von der Ober- zur Untertaste untergesetzt wird, wobei der Daumen auf Obertasten vermieden wird. Von H dur und Desdur ausgehend, ergibt er sich für alle Tonarten ganz natürlich. Für die Doppelterzenskalen werden die Gruppen $\frac{34}{12}$, $\frac{345}{123}$, $\frac{2345}{1123}$ verwendet, für die Doppelsextenskalen $\frac{45}{12}$, $\frac{345}{111}$, $\frac{345}{112}$. Die Triller werden zunächst am besten der Tonleiter entlang, mit dem derselben entsprechenden Fingersatz geübt, und zwar so, daß die Fingerspitzen die Tasten nicht verlassen und der Arm locker gehalten wird. Fragen wir uns nun um den Charakter der H dur-Akkordform:

Auch hier ein Sichheben und «Aufsichselbstzurücksinken» – aber ein Atmen und Lächeln am Tage, ein Verlangen und Wünschen über das Heimatgärtchen hinaus, ein schon fast ungebundenes, fröhliches Davon und Daher! Und die symmetrische Umkehrung der Figur in der linken Hand: der Quartsextakkord von B moll vom kleinen f nach abwärts und wieder zurück:

Ist auch nur ein Sinken und Wiederheraufkommen, aber tiefer in die eigene Nacht dringend mit mutiger Absicht – und sicherer zurückkehrend. Der Arm muß schwerer schwingen, die einzelnen Töne müssen mit mehr Nachdruck und in einer größeren Handgelenkdrehung mit Unterarmwendung vereinigt gespielt werden. Ein Vergleich der symmetrischen Akkordlage von rechts nach links mit dem Mollsysteme von oben nach unten macht die symmetrische Übung hier wieder besonders interessant. Die Akkorde sind nach bestimmten Akkordmodellen, wie in der Seite 11 zitierten Gymnastik vorgezeichnet, zu üben. Zuerst die Dur- und Molldreiklänge, dem Quintenzirkel nach jeden Akkord in seinen drei Lagen abwechselnd nach auf und abwärts, dann die verminderten und übermäßigen, die Drei= klänge mit eingefügten Leittönen, der verminderte, Dominant= und große Septimakkord, die übrigen Septimakkorde und die Nonakkorde, und zwar soweit dies die Spannung möglich macht, zunächst nicht arpeggiert, damit dem Schüler das Bild des Akkordes in der Tastatur, die Applikatur und der Klang eines Akkordes im ganzen klar werde, dann aber in den verschiedensten Zerlegungen und Varianten, und besonders im Tremolo und häufig und rasch repetiert, z. B.

Betreffs des Fingersatzes sei hier nur ganz allgemein bemerkt, daß er nach Möglichkeit praktisch gewählt werde. Für den Dreiklang mit Verdoppelung des Grundtons in der Oktave ist immer 1, 2, 5 zu nehmen, wogegen der 3. und 4. Finger je nach der Tastenlage und Handbeschaffenheit wechseln. Der poetische Vortrag erfordert eine ganz bestimmte Fingersatzwahl, nicht etwa nur um eine technisch schwere Stelle immer gleich sicher zu beherrschen, sondern auch weil gewisse Detailaufgaben des Ausdrucks nur auf solche Art immer in dieselbe Erscheinung treten können. Man übe übrigens nach Überwindung der Grundschwierigkeiten meist mit beiden Armen zugleich; das gänzliche Trennen der beiderseitigen Aufgaben erschwert nur die Arbeit. Dagegen hat das Gekreuztüben für die gleichmäßige Ausbildung und die Unabhängigkeit der Bewegungen, sowie für die Sicherung einer Stelle im musikalischen Gedächtnis seinen Wert. Alle Übungen und Etüden sind nur als Mittel zum Zweck zu üben. Lehrer, welche selbst den Etüdenstoff poetisch zu behandeln verstehen, werden einer Durchgeistigung der Technik ihrer Schüler bedeutend vorarbeiten. So kann z. B. Cramers D dur=Etüde No. 17 mit ihren Arpeggien und den darauf schwebenden Melodietönen als Seestück, Clementis Etüde No. 4 in G dur mit seiner schnurrenden Sechszehntel-Figur auf derselben Tonhöhe wie in Mendelssohns Lied ohne Worte No. 34 als Spinnerlied vorgetragen werden! Die wesentlichste Eigenschaft der Melodie: die Sangbarkeit im engsten Sinne, die übrigens der Schüler immer mit seiner Stimme ausprobieren soll, mangelt der Akkordform im Grunde, trotzdem soll auch sie als Melodie legato studiert werden, und zwar nicht so, wie sie z. B. oft Felix Mendelssohn und dessen Epigonen gebrauchen, daß nur in ihren Spitzen die Melodie liegt, sondern daß diese gewissermaßen von Note zu Note fließt. Am wenigsten sangbar sind Figuren, welche bestimmte, große Intervallsprünge immer wieder bringen. Ihnen ist die Staccatoart eigentümlich. Staccare heißt trennen. Man übe aber jede Staccatostelle zuerst soweit möglich legato in der ihr entsprechenden Bewegungsform, welche dann durchbrochen beibehalten wird — so wie der Geiger Staccatonoten in einen Springbogen zusammenfaßt. Das Ohr muß denselben Eindruck haben, den das Auge hat, wenn es z. B. eine Kreislinie in Punkten dargestellt sieht. Die Töne schweben frei und doch gebunden — wie die Weltkörper im Raume, z. B.

W. A. Mozart, Konzert, D moll, 3. Satz

Legato-Bewegung
Staccato- „

Je mehr staccato im Spiel, um so weniger Gemütsausdruck — je mehr Witz, um so weniger legato. Das leggiero ⟨Leichte⟩ entspricht dem Graziösen ⟨Anmutigen⟩, das portato ⟨Getragene⟩ dem Pathetischen ⟨Leidenschaftlichen⟩. Der Lehrer verlange schon die in bezug auf Tempo, Tonstärke und Charakter verschiedene Ausführungsart der Übungen nicht nur in den gebräuchlichen, italienischen Ausdrücken, sondern auch in der Übersetzung. So kann einerseits das Verständnis der ersteren frühzeitig angebahnt, andererseits aber die Terminologie der Vortragskunst auch in einer anderen Sprache selbständig gemacht, befestigt und bereichert werden, z. B. die B dur-Tonleiter andante amabile: lieblich gehend. Die Cismoll-Tonleiter lento mesto: in schwerer Trauer — die Dur-Akkorde allegro maestoso: herrlich bewegt — oder Arpeggien in moll agitato strepitoso: stürmisch erregt usw. Im Deutschen kann übrigens das Verständnis des Schülers für die Zusammengehörigkeit der technischen Ausführung und des musikalischen Ausdruckes, besonders durch Worte, welche diesbezüglich eine doppelte Deutung zulassen, gefördert werden, z. B. schwer im Gemüt und in der Masse, schwungvoll in der Begeisterung und Bewegung, ungebunden im Willen und im Anschlag, haltlos im Charakter und im legato, oder wenn der Lehrer sagt: «seien Sie nicht so aufdringlich» — im Wesen und im Ausdrucke oder «machen Sie nicht so viel Aufhebens bei der Sache», womit sowohl die zu große Armbewegung, als auch die übertriebene Gefühlsäußerung gemeint sein kann.

Die Hauptvorbedingung für die poetische Reproduktion einer Melodie ist die richtig gefühlte Phrasierung derselben. Ich benutze nach dem Vorbilde H. Riemanns die kleinen Vertikalstriche | und || als Phrasierungszeichen, und wenn in einer Note eine Phrase endigt und eine neue beginnt, ein liegendes Kreuz × über derselben. Schon oft hat man die Musik die Sprache der Seele genannt. Die einzelnen Töne sind die Buchstaben dieser Sprache. Lesen wir einen Roman, so finden wir die Buchstaben zu Worten zusammengedruckt und zwischen diesen größere Lücken im Drucke, die Worte aber sind zu Sätzen gruppiert, welche wieder durch Interpunktionszeichen voneinander getrennt werden. In der Textschrift für Klaviermusik unterscheide ich eine zweifache Gliederungsart der Tongruppen, nämlich eine technische, welche durch die räumlichen Verhältnisse der Tasten- und durch die Grenzen der Handlagen gegeben ist und welche durch den Fingersatz klar gemacht werden kann, und eine musikalische, welche durch die jeweiligen melodischen, rhythmischen, metrischen und harmonischen Verhältnisse bedingt und durch die sogenannten Phrasierungszeichen kenntlich gemacht wird. Eine verschiedenartige technische Phrasierung ist z. B.

Fr. Chopin, Scherzo, Op. 39

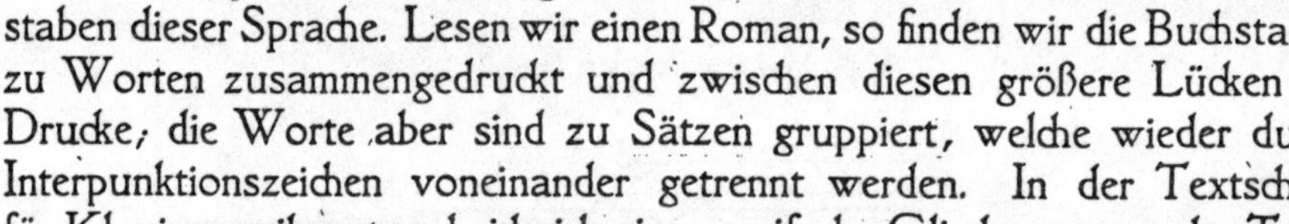

Eine verschiedenartig musikalische Phrasierung wäre z. B.

C. M. v. Weber, Sonate, Op. 24, 4. Satz

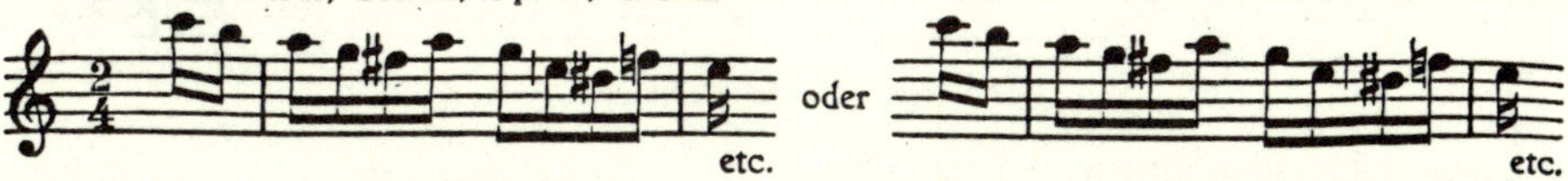

Die beiden Gliederungsarten können zusammentreffen oder sich widerstreiten, wodurch die Schwierigkeit in der Ausführung der betreffenden Stelle beeinflußt wird, z. B.

Fr. Schubert, Phantasie, Op. 15

Die Phrasierungszeichen sind wohl zu unterscheiden von den für legato und staccato gebräuchlichen sogenannten Anschlagszeichen – eine Phrase kann z. B. staccato gedacht sein, muß aber als solche doch einen einheitlichen Eindruck machen, z. B.

J. Haydn, Sonate, No. 1, Satz 1 Sonate, No. 2, Satz 2 (Cotta-Ausgabe)

Die Pausen sind nicht immer Interpunktionszeichen und nie absolute Trennungsmittel, über welche hinaus es keinen Bewegungs- und Gefühlszusammenhang mehr gibt! Die Länge derselben muß sich aus dem Gefühlsgehalte der vorangegangenen und kommenden Stellen ergeben – ebenso wie man den freien Platz zwischen Säulen oder vor einem Gebäude nach der Größe und Majestät dieser abmißt, z. B.

W. A. Mozart, Sonate, No. 11, 3. Satz (Peters-Ausgabe)

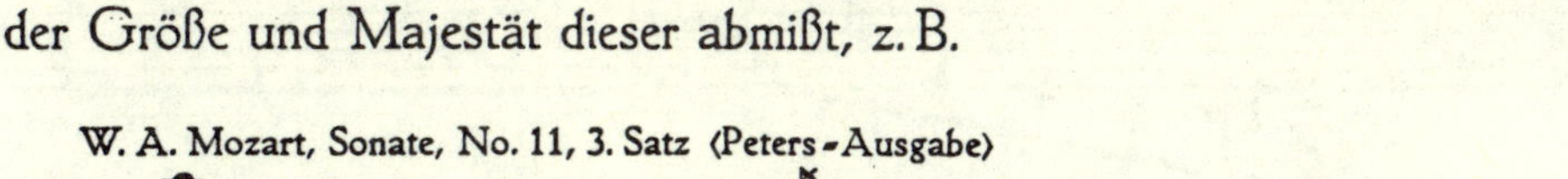

Die Achtelpausen nur den graziösen Charakter bezeichnend. etc.

J. Brahms, Rhapsodie, Op. 79, No. 1

Sowie sich der Gefühlsgehalt einer Komposition nach ihren Ruhepunkten und Pausen auch ganz besonders bewerten läßt, so der Gehalt eines musikalisch vertieften Vortrags. Wie bei M. Maeterlinck im Leben der Seelen hat auch hier im Leben der Töne das Schweigen seine Sprache. Stehen viele gleichwertige Noten nebeneinander, so ist die Scheidung derselben in kleinere Gruppen und die Feststellung ihrer Betonung oft sehr schwierig – nur ein feines Gefühl für Melodieführung und eine genaue Erkenntnis der harmonischen, rhythmischen und metrischen Bedeutung der betreffenden Noten kann hier entscheiden. Wie wichtig so eine Entscheidung manchmal ist, mag ein Beispiel aus unserer Umgangssprache zeigen, welches unrichtig zusammengedruckt einen, wenn leider auch manchmal treffenden, so doch im allgemeinen ganz verkehrten Sinn gibt. Kunst ist ein gebildetes Können, schreibt Feuchtersleben – Kunst ist eingebildetes Können wäre die falsch «phrasierte» und falsch betonte Leseart! In der letzten Zeit hat man übrigens, angeregt durch H. Riemann, der Detailphrasierung und Betonung im Drucke hin und wieder die lobenswerteste Sorgfalt angedeihen lassen. Die Spieler aber gehen oft noch darüber hinweg oder verstehen die Zeichen zu wörtlich und glauben nach jedem kleinen Motive absetzen zu müssen. Die Scheidung geschieht aber nur durch die allerfeinsten Nüancen der Tondauer und Stärke. Letztere wirken übrigens durchaus nicht immer gleichzeitig in derselben Richtung. Bei Beethoven z. B. finden wir oft ein cresc. mit rit. zusammen, wie:

Sonate, Op. 27, No. 1, 3. Satz

Die höchsten Höhen werden nur durch Kampf erreicht – wer nicht mit der ritardierenden Gewalt der schmerzvollen Schickung zu kämpfen hat, wird nie den nötigen Grad der aufwärtstreibenden Sehnsucht empfinden, durch welche er erst zur höchsten Kraft des höchsten Sieges gelangen kann. Die gedachten Crescendi sind nicht einfach lächerliche Phantasiegebilde — sie vertiefen den geistigen Zusammenhang und bestimmen die Klangstärke und -farbe des folgenden Tones, z. B. das cresc. auf dem c am Schlusse des ersten Satzes der Sonate «Les adieux» von Beethoven oder auf dem Fdur-Akkorde am Schlusse der Hmoll-Sonate von Liszt. Eine zu peinlich nur ins Kleine gehende Phrasierung kann aber den schwungvollen Vortrag beeinträchtigen. Es ist daher ebenso wichtig, dem Schüler die Tiefen und Höhen ganzer *Perioden*, insofern sie nicht durch die dynamischen Zeichen genügend abgegrenzt werden können, vielleicht durch ein Minuszeichen (—) am Grunde und ein Pluszeichen (+) auf dem Gipfel derselben anzudeuten. Diese Zeichen würden auch gleichzeitig die ruhende negative Lage der Armgelenke und die durch Spannung erreichte wirkungskräftigste positive Lage derselben bedeuten. Eine sehr wichtige Ergänzung der Zeichen für die Bewegung der Glieder auf der Tastatur scheinen mir Pfeile zu sein, welche die Auf- oder Abwärtsbewegung der Handwurzel angeben, wie beim Geiger die Zeichen für Hinauf- und Hinunterstrich, z. B.

J. Brahms, Rhapsodie, Op. 79, No. 2

und ein kleines rundes Häkchen ◡, welches man nach Art der Häkchen über den leichten Versfüßen über weich anzuhängende oder abzustreifende Noten am Ende eines Motives oder einer Phrase, auch in unmittelbarem Zusammenhange mit dem betreffenden Bindebogen setzen sollte. Manchen Klavierspielern geht das Gefühl für die zweite, weiche Silbe eines Tonwortes gänzlich ab und sie betonen alle «weiblichen» Endungen in der «männlichsten» Weise! Sie fühlen nicht den Schmerz der Dissonanz und die Erleichterung einer friedlichen Lösung, sie haben keine Empfindung für das Nachlassen der Stimme eines Seufzenden, für das Liebkosen einer guten Hand, für das freundliche Grüßen eines fröhlichen Kindes. Im Gegensatze zu der weich abschließenden Linie könnte dann eine scharf abzustoßende Phrase am Ende des Bogens mit einem scharfen Haken versehen werden, z. B.

J. Haydn, Variationen, F moll

Fr. Liszt, Funerailles

Der in den meisten Fällen über der zweiten Note stehende Punkt genügt absolut nicht, um die vielen Möglichkeiten des Abstoßens und Abziehens zu kennzeichnen. Freilich, das Zeichen allein wird einen Schüler kaum fühlender machen, aber das lebendige Beispiel, die richtige Vorführung und die Darstellung des Falschen in möglichst auffallender Weise mit entsprechenden Vergleichen kann befruchtend wirken. Zur Verdeutlichung der Leitton- oder Septimenführung in der Polyphonie wäre manchmal eine verbindende Linie erwünscht, sowie sie schon zur Erkenntnis des Zusammenhanges einer auf beide Systeme verteilten Melodie eingeführt ist, und zwar besonders, wenn der Leitton oder Septimenschritt gegenüber einer Hauptmelodie in eine diese bestimmende Erscheinung treten soll. Wie unserer Seele Handeln bedrängt oder beleuchtet ist durch den Einfluß solcher, die ihr begegnen, so ist der Melodie Wandeln erhellt oder beschattet, je nachdem andere harmonisch wichtige Töne mit ihr zusammentreffen, z. B.

H. Wolf, Schlafendes Jesukind, gemalt von Franc. Albani, gedichtet von Eduard Mörike

Manchmal ist es zur Verdeutlichung eines Ton=Gewebes notwendig, einzelne Motivenden ganz weich abzuziehen, um sie so von anderen fort=laufenden oder neu eintretenden Motivteilen gut zu unterscheiden, z. B.

F. Mendelssohn, Lied ohne Worte No. 1 und No. 6

Vor einer falschen Art zu phrasieren möchte ich besonders warnen, da sie den Gefühlsgehalt der betreffenden Stelle gänzlich unterbindet. Es handelt sich um den Fall, daß sich eine Figur an eine Note anschließt, welche Dissonanzbedeutung hat und an eine vorausgegangene gebunden ist. Viele Klavierspieler setzen bei Beginn der Figur ab und durchschneiden den Gefühlszusammenhang dadurch, daß sie der ersten Note derselben nur die Bedeutung einer Anfangsnote geben, anstatt sie auch als Auflösung der entsprechend stark betonten vorausgegangenen Note weich und in einem verständlichen, im schnellen Gesamttempo sogar dem Ausdrucke zuliebe manchmal ein ganz klein wenig gedehnten Zeitmaße zu spielen, z. B.

J. S. Bach, Wohltemperiertes Klavier, I. Teil, Präludium B moll

Die mit Kreuz × bezeichneten Noten sind weich anzubinden

Am häufigsten begegnet man diesem Fehler bei dem gefühllosen, nur auf Kraft und Gleichmäßigkeit abgestimmten Bachspiel. So ein Bach bringt nichts als Gerölle, abgerissene Brückenpfähle und alte Dachschindeln mit sich, oder er strömt dahin wie flüssiger Marmor, glänzend zwar, aber undurchdringlich für die Strahlen der Sonne, oder den Blick der Blumen, die vom Rande gar zu gern in seine Tiefen schauen möchten. Und wie viel Poesie liegt oft gerade im Spiegel der hellen Wellen und im Grunde dieses Baches! Die unglaubliche Vielgestaltigkeit seiner Formen hat man in theoretischer Beziehung längst gewürdigt, auch die zur Verdeutlichung seiner Polyphonie notwendige ungleiche Krafteinwirkung des physischen Apparates wurde studiert, aber von der poetischen, psychischen Seite ist man der göttlichen Vielfarbigkeit seiner Gemütsstrahlen noch nicht immer gerecht geworden. Man weiß, daß Bach den kontrapunktischen Stil in der Klaviermusik zu höchster Vollendung gebracht hat, aber von der Kontrapunktik des Gefühls, welche einzig eine stilgerechte Verlebendigung seiner Werke möglich macht, war kaum die Rede. Die Stimmen sind gegeneinander geführt, jede sagt etwas anderes und doch werden sie so oft in der gleichen dynamischen und agogischen Beleuchtung vorgedruckt und vorgetragen. Wenn das Gegeneinander schließlich einem gemeinsamen melodischen, rhythmischen, metrischen und harmonischen Ziele zugeht, ist eine solche Ausführung natürlich gerechtfertigt, sonst aber möchte man das Nach- und Ineinander der Hügelketten, das Licht und Schattenleben einer einzelnen Baum- und Häusergruppe gegenüber einer anderen im Vorüberfahren auf des Baches Wellen nicht vermissen, z. B.

J. S. Bach, Wohltemperiertes Klavier, I. Teil, Fuge, F moll

aber

J. S. Bach, Wohltemperiertes Klavier, I. Teil, Präludium, Es dur

Auch der Wechsel von ruhigen und vom Winde bewegteren Stellen belebt die gemütliche Anteilnahme an der Fahrt, und es ist ein trauriger Irrtum, in den die Ausführenden gefallen sind, welche das metronomisch gleichmäßige Tempo für das Klassische ausgegeben haben. Die Musik ist in die Zeit modelliert, wie die Plastik in den Raum! Man sehe sich die Umrisse einer antiken Figur an und frage sich, ob diese ohne Abwechslung sind. Im poetischen, seelischen Leben gibt es keine abwechslungslose Gleichmäßigkeit, — wir wissen ja, wie ungleich innerlich bewegten Menschen die Stunden rinnen. Die Klassik verbietet natürlich unausgeglichene Gegensätze, da sie aus einer Seele kommen muß, welche ihre Stürme bemeistern gelernt hat — aber ohne Gegensätze ist kein Leben hienieden denkbar. Man rühmt heute oft das Temperament der Künstler und meint damit in der Regel die Energie und den Schwung, mit dem sie, ohne auf kleinere Stellen der Komposition einzugehen, dieselbe als Ganzes vortragen. Es gibt aber vier Temperamente: das sanguinische leichte, melancholische schwere, cholerische rasche, phlegmatische träge, und der richtige Künstler muß, wenn er auch nach der einen oder anderen Temperamentsseite besonders neigt, doch alle vier nachempfinden und ebenso mit dem Traurigen weinen wie mit dem Frohen jauchzen können. Nicht jedes Schnell- und Starkspielen zeugt von Temperament! Das oft als veraltet hingestellte tempo rubato ‹vom ital. rubare, rauben› eignet, insofern es sich um das vom Gefühl geraubte, das ist: beeinflußte Tempo handelt, jeder Musik. Chopin wollte diese Bezeichnung spezieller auf seine Fiorituren bezogen haben — aber wer wird bei einigem Nachfühlen daran zweifeln, daß Beethovens oder Mozarts Musik z. B. bei den lebendigen

Charakteren dieser Ausnahmemenschen nicht in «gefühltem» Zeitmaße dargestellt werden muß, und wer wird insbesondere darüber streiten, ob man Romanzen und Balladen, Legenden und Rhapsodien im Takt herunterspielen oder nach Art der alten Sänger vom Geiste bewegt vortragen soll?! Trotzdem ist die Metronomisierung eines Stückes nicht ohne Wert, da durch sie, ein richtiggehender Metronom vorausgesetzt, die Auffassung des Komponisten in bezug auf allgemeines Tempo genauer gegeben wird, als mit bloßen Worten. Beim Bachspiel mag vielleicht die Form der Fuge für die Wahl eines ganz gleichmäßigen Tempos ausschlaggebend gewesen sein. Fuga heißt aber Flucht — es flieht die Zeit, es flieht der Klang, und wir brauchen kurze Rast, um wieder zu Atem zu kommen und mit ihnen weiter fliehen zu können — dann drängt eine Tonwelle die andere, sei es nun, daß die eine erwacht, wenn die andere erstirbt, oder daß sie in mächtigem Schwunge zusammen der Mündung zueilen, oder daß sie ruhiger wallen, wo sie breiter werden. Ein veralteter Fugenvortrag bemüht sich auch, das Thema immer gleich stark herauszuheben, und begründet dies durch den Vergleich der Fugenform mit einem architektonischen Bau, erwägt aber dabei nicht, daß die Turmpfeiler eines gotischen Domes, die in den Himmel ragen, ganz anders im Sonnenlichte stehen, als die aus demselben Material gefertigten Grundpfeiler, die oft den ganzen Tag im Schatten der umliegenden Häuser in stiller Andacht ertragen. Übrigens benützen schon ältere Komponisten, besonders aber die modernen, die Form der Fuge zum Aufbau psychischer Steigerungen, die in der Reproduktion lebendig werden müssen.

Ebenso unschön wie das in bezug auf Tondauer zu gleichmäßige Spiel ist das in der Akzentverteilung zu gleichförmig gestaltete rein metrische Herunterspielen eines Stückes. Die melodische, harmonische und rhythmische Bedeutung eines Tones muß bei der Akzentuierung desselben berücksichtigt werden. Die Taktstriche haben für die Tonfiguren dieselbe Bedeutung wie etwa die Eisenstangen eines Gartenzaunes für die sie umschlingenden Blumengirlanden. Sie sollen nicht zur Trennung derselben, sondern zur festeren Aneinanderknüpfung dienen. Tanzartige Formen vertragen ein Betonen der Metrik mehr, der Fuß schwingt sich im Takte, aber die Seele wählt die Flügel der Melodie. An dieser Stelle sei ganz besonders auf den von Franz Liszt immer empfohlenen periodischen Vortrag hingewiesen, welcher eben das Betonen einzelner kleiner metrischer Glieder dem Hervorheben der Höhen und Tiefen ganzer Perioden unterordnet. Erst auf diese Weise kommt eine lebendige Perspektive in die Tongemälde, deren Details sonst wie etwa die Blätter der Bäume auf alten Bildern zu gleichförmig hervortreten. 8=taktige Perioden, welche mit Wiederholungs=zeichen versehen sind, können in diesem Sinne durch die entsprechende Dynamik sehr vorteilhaft zu 16=taktigen ausgestaltet werden. Eine eigene Sorgfalt erfordert der Vortrag der Synkopen ‹von den griechischen Worten «sün» und «kopos»: «zusammen» und «Schlag»›. Dies sind rhythmische Gebilde, welche auf den schlechten Taktteil eintreten, aber ihrem Werte nach den kommenden guten in sich schließen und infolgedessen auch dessen Betonung vorausnehmen. Man muß aber immer sehen, daß das ursprüng=liche Metrum nicht ganz verwischt wird, denn nur so kann bald das Haltlose, bald das Starrköpfige der Synkopen zum Ausdrucke kommen.

Die Musik ist wie das bewegliche Feuer, welches wärmt, leuchtet und verzehrt zugleich — sie hat warme Melodien, leuchtende Harmonien und eine durch gewisse metrische Gliederungen bedingte bewegliche Rhythmik, welche sich mitsammen von den Gefühlen nähren. Besonders auf die leuchtenden Farben der Tonarten muß der Erzieher zur Poesie schon von allem Anfange an aufmerksam machen — die melodischen Linien soll der Schüler nachzeichnen, z. B.

C. M. v. Weber, Aufforderung zum Tanz, Op. 65

Die Nachzeichnung ergibt eine Wellenlinie — ein Wiegen im wohligen Reigen oder z. B.

J. B. Cramer, Etüde ‹Bülow-Ausgabe, No. 2›

zwei lange gerade Linien — ein weites Heideland — eine ebene Straße — eine eintönige Landschaft etc. — die Tonarten aber in den entsprechenden Farben dazu ergänzen. Der Tonartenfarbensinn ist natürlich in seinen feineren Unterschieden individuell und die Farbenwirkung der Tonarten je nach ihrer Stellung bei anderen Tonarten relativ, sie kann aber beiläufig so fixiert werden, daß Cdur die indifferentesten Farbentöne enthält, die sich dann über die B-Tonarten in ihren Hauptabstufungen zu lila, blau und violett und über die Kreuztonarten zu grün, gelb und rot entwickeln und endlich in dem schillernden «Ges-Fis» vereinigen. Drei Beispiele dazu sind: das Fmoll von Schumanns «In der Nacht», das Adur von Mendelssohns Frühlingslied und das Fisdur der Barcarolle von Chopin. Die Tondauer und Stärke werden durch die Bedeutung der einzelnen Akkorde im Zusammenhang der harmonischen Entwickelung noch besonders bestimmt. In einem schlußbildenden Quartsextakkord ist oft der eigentliche Höhe- oder Tiefpunkt des ganzen Stückes, der Gefühlsschwerpunkt nach der positiven oder negativen, Leben bejahenden oder verneinenden Seite — der heitere oder traurige Ausgang desselben festgestellt. Das Erscheinen eines Orgelpunktes ist sehr oft ritardierendes Moment. Der Trugschluß malt z. B. die seelische Enttäuschung oder auch das Einsetzen einer ganz unerwarteten Gefühlskraft, z. B.

W. A. Mozart, Phantasie, D moll

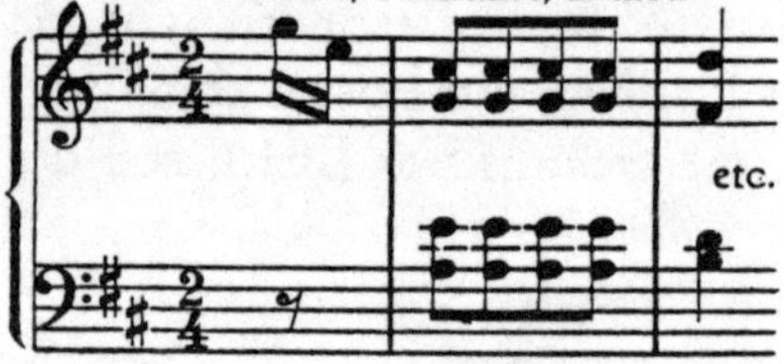

Fr. Chopin, Sonate, Op. 58, 1. Satz

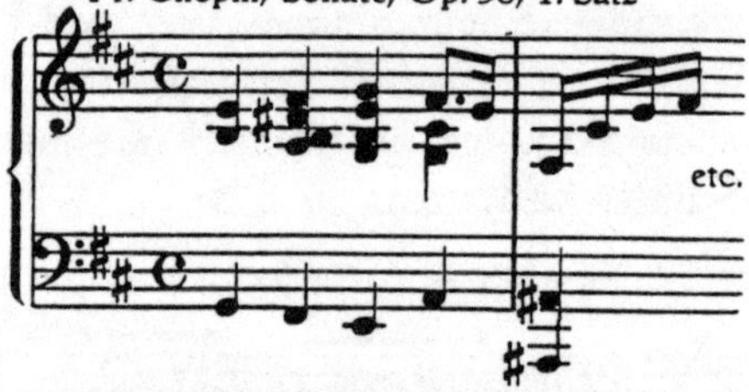

Schlüsse mit der Terz in der Oberstimme oder mit dissonierenden Akkorden kommen dem Ausdrucke einer Frage gleich, z. B. in R. Schumanns «Warum» und «Bittendes Kind». Ich möchte hier auf die Herausarbeitung des Gefühlskonfliktes in den Durchführungen der Sonatensätze aufmerksam machen — es sind oft kontrapunktische und harmonische Steigerungen auf die Dominante hin, welche dann im Sturme der Tonwellen ähnlich auf das Ohr wirkt, wie etwa das vom Auge lange und ängstlich gesuchte Aufblitzen des Leuchtturmes im Sturme der Meereswellen. Die Symbolik der Musik ist heute viel zu sehr in den Hintergrund getreten, obwohl sie sich jedem poetischen Musiker immer von selbst aufdrängt — wie das Hauptthema im Durchführungsteile des ersten Sonatensatzes durch alle möglichen harmonischen Verlockungen und rhythmischen Reize durchgeführt wird, am Ende aber in derselben, wenn nicht gefestigteren Reinheit erscheint, so möge unser Charakter durch die Kämpfe gehen und nicht weichlich, sondern groß werden! Die Wiederholungen der ersten Teile der Sonatensätze sind nicht immer tief zu begründende Eigentümlichkeiten der Form. Moderne Ausleger haben sie daher oft gestrichen, obwohl es stilgerechter wäre, sie beizubehalten, aber nur etwas lebendiger im Vortrage zu gestalten. Das Ohr muß bei solchen Wiederholungen denselben Eindruck haben wie das Auge, wenn es ein großes Gebäude sieht, welches künstlerisch erbaut ist — zunächst glaubt man lauter Wiederholungen zu sehen — wenn man sich aber mehr vertieft, sieht man bald Unterschiede in der Ornamentik, im Gesimsbau, in den Fensterbogen usw., welche nicht auffallen und doch bemerkbar sind. Der Vortrag kann solche Unterschiede in eine Wiederholung hineinbringen. Manchem Kritiker scheint das Hineinbringen freilich eine Sünde zu sein — und er hat auch recht, wenn es sich um ein sinnloses, bloß von der momentanen Stimmung des Künstlers abhängiges Hineintragen des Ausdrucks handelt. Die Nüancen des denkenden Künstlers aber liegen über den Höhen eines Stückes wie seltene Lichter über den entlegenen Schneewiesen der Berge. Einsam und nach Licht dürstend steigt der Höhenwandler hinan — und schaut und schaut — doch oft muß er wieder unbefriedigt in die Alltäglichkeit zurück; aber er ermüdet nicht — er hat ja die Verheißung, daß seine Hoffnung erfüllt wird. Da — eines Abends liegt es wie wehmütiges Violett über jener weißen Stelle, von welcher die Sonne Abschied nimmt — er schaut und schaut — und vergißt das Licht nimmer. Wer aber nur dann und wann hinansteigt und mit der Aussicht zufrieden ist, wie sie sich jedem bietet, der sieht das Leuchten nicht und glaubt nicht dem Träumer, der es ihm gerade an dieser Stelle vorgemalt hat — «das gibt es nicht», sagt er — «diese Töne leben nur in deiner Vorstellung, und das magische Licht hast du hineingetragen — es ist ja alles grau dort, die Sonne kommt ja gar nicht hin dort»; und er sagt es in die Welt hinaus — der Künstler aber geht nachdenklich heimwärts und erträgt schweigend das lichte Dunkel seiner Einsamkeit. — Nun will ich für die außerordentliche, heute noch viel zu wenig erkannte psychische Bedeutung der Variationenform einstehen. Variation heißt Veränderung — Veränderung aber ist Leben und es gibt keine musikalische Form, die dem Leben so angepaßt werden könnte, wie die Variationenform. Ein Thema — eine reine Seele, die ins

Leben tritt, und nun die Entwickelung – das Einwirken hemmender und fördernder Elemente – die Sonnenstrahlen und die Gewitternächte, in denen sie auflebt und unterzugehen droht – ein hoffnungsvolles Aufblicken und ein mutiges «Indenkampfgehen» und ein Erstarken im Sturm und ein Tragen und Glauben und ein Verklärtwerden im Lichte der schützenden Liebe – und endlich ein Heimkehren zur Kindheit und Aufgehen in den Ursprung –. Ein aufmerksamer Schüler kann an so gestalteten Variationen nicht allein seine technischen Fähigkeiten, nicht allein sein musikalisches Wissen, sondern auch seine Lebenserfahrungen im geistigen Sinne vervollkommnen. Auch das Studium des Charakters der Suiten ist besonders wichtig in der Erziehung zu poetischem Vortrag. Man hat sich dabei vor allem daran zu erinnern, daß es Zusammenstellungen alter Tanzformen sind, die durch den Vortrag wieder ihre einstige Frische bekommen sollen. Zu diesem Zwecke muß man vor allem der musikalischen Ornamentik oder Verzierungskunst eine besondere Liebe widmen. Mit Regeln allein ist hierbei nicht auszukommen – wie schon die Alten sagten, entscheidet der Geschmack – der poetische Inhalt des betreffenden Stückes für die Belebung seiner Verzierungen. – Diese sind ja ursprünglich wie in der bildenden Kunst nicht zum Ausdrucke der Virtuosität (im äußerlichen Sinne), sondern zur Vertiefung des Gefühlsinhaltes zur Verlebendigung der Linie entstanden. Ein poetisches Durchdringen der alten Klaviermusik ist übrigens unmöglich, wenn man sich nicht mit der Geschichte des Klaviers befreundet hat, denn die psychische Ausdrucksfähigkeit hängt natürlich in ihrer Wirkung immer auch von der akustischen Ausdrucksmöglichkeit des betreffenden Instrumentes ab. Rameaus und Couperins Kompositionen z. B. dürfen nicht mit dem großen Tone unserer Flügel vorgetragen werden – A. Rubinstein hat diese alten Komponisten mit dem linken Pedal gespielt – am besten würden sie natürlich zum Ausdrucke kommen durch rekonstruierte oder nach alter Art neugebaute Instrumente. Freilich müßten zur Aufnahme dieser Musik auch entsprechend intime Konzertsäle geschaffen werden. Die Sehnsucht nach Errichtung einer Stilbildungsschule für Klavierspieler, in welcher besonders auch Klavierklassen zum Studium der alten Klaviermusik eingerichtet wären, wird hier besonders laut in mir! Letztere müßten sich auch mit den harmonischen und melodischen Ergänzungen bei alten Komponisten, z. B. bei Bach und Mozart besonders beschäftigen, die ihre

Begründung darin haben, daß die Alten die Harmonien nur durch die Bässe mit allfälliger Bezifferung und die Melodien nur durch ihre Grenznoten andeuteten, aber in der Ausführung einerseits vollnahmen, andererseits mit Koloraturen verbrämten. Sowie der akustisch geänderte Vortrag der alten Musik eigentlich unstilistisch ist, so ist es auch der Vortrag von technischen und klanglichen Bearbeitungen und Transkriptionen. Zu Hause können dieselben ja zur Übung und Orientierung vorgenommen, aber im Konzertsaal sollen nur Originale reproduziert werden! Beim Studium von Kammermusikwerken und Konzerten möge man nicht nur den Klavierpart, sondern auch das, was die anderen Instrumente vorzutragen haben, berücksichtigen. Der Klavierspieler erscheint sonst wie ein Schauspieler, der zwar seine Rolle, aber nicht den Zusammenhang derselben mit den anderen studiert hat und infolgedessen nie einen innerlich zwingenden Eindruck machen kann. Die Kadenz eines Konzertes soll nicht die Aufgabe haben, die technische Fertigkeit des Spielenden in ein besonderes Licht zu rücken, wozu ihm vielleicht im Verlauf des Stückes zu wenig Gelegenheit zu sein schien, sondern sie soll vielmehr den poetischen Gehalt des Konzertsatzes zusammenfassen und in möglichst überzeugender Form wiedergeben. Ein besonderes, aber bis jetzt noch sehr mißachtetes Erziehungsmittel zur Poesie des Klavierspiels ist das Studium von Begleitungen in Melodramen und Liedern – aber nicht etwa bloß in modernen, technisch schwierigen, sondern auch in klassischen und besonders in Strophenliedern, welche vor allem die Abwechslung im Ausdrucke notwendig machen. Abgesehen davon, daß diese Werke uns mit den bedeutendsten Dichtern bekannt machen, deren Beziehungen, wie die der Maler und anderer Künstler zu den Komponisten, seien sie nun durch ihre Gedichte und Bilder oder durch ihr Leben geknüpft, viel zu wenig beachtet werden, zeigen sie uns, wie man ganz bestimmte Gefühle in Tönen zum Ausdrucke bringt, und wir lernen dadurch wieder in der sogenannten absoluten Musik bestimmte Tongruppen in die entsprechenden Gefühle umzudeuten. Zum Liederbegleiten genügt nicht ein gewöhnlicher Klavierspieler, ebensowenig ein Virtuos im landläufigen Sinne, aber auch nicht ein Musiker von der Art derjenigen, die piano und forte nur spielen, weil es dasteht, sondern ein Künstler, dessen Technik ganz dem Ausdruck dienstbar sein kann, den die Poesie des Textes verlangt, und dessen musikalische Bildung soweit vorgeschritten ist, daß er zwischen den einzelnen Liedvorträgen auch etwas improvisieren könne, eine Kunst, die heutzutage viel zu sehr vernachlässigt wird. An Stelle des Erfindens eigener Gedanken ist heute das Auswendigspielen der Gedanken Anderer getreten. Jeder ideale Vortragende muß das vorzuführende Werk so in sich aufgenommen haben, daß er es im wesentlichen auswendig beherrscht. Wenn er nicht von Noten spielt, ist jedenfalls der äußere Eindruck poetischer; aber der innere bleibt, die obere Bedingung vorausgesetzt, auch entgegengesetztenfalls in seiner Güte unverändert.

Der poetische Klavierspieler muß nun aber nicht nur die Poesie des Stückes, das er vorträgt, nicht nur die Poesie der Technik, die er benützt, sondern auch die poetischen Möglichkeiten des Instrumentes, auf dem er spielt, kennen und beherrschen. Der Klavierklang ist im allgemeinen objektiv, d. h. nicht so einseitig nach einer bestimmten Farbe verdichtet wie z. B. bei den Blasinstrumenten. Er ist aber beim Wechsel der Tonstärken den verschiedensten Ausdrucksmöglichkeiten zugänglich. Daß der ideale, poetische Klavierton vor allem durch eine weiche Berührung der Klaviatur erzeugt wird, sei nochmals gesagt. Die Töne dürfen nicht als einzelne, sondern müssen immer in Beziehung zueinander in Betracht kommen. Bei dem zartesten Legato scheint das Elfenbein der Tasten von den Tönen angehaucht zu sein, wie etwa das Porzellan von den weichen Farben, die aufgetragen wurden. Die Klangfarben des Instrumentes hängen von dem mehr oder weniger starken Mitschwingen der Obertöne ab. Dieses aber von der Schnelligkeit, also Stärke des Hammerschlages. Es kommt aber auch darauf an, wie weit der Hammer, der doch eine breite Oberfläche hat, in die Seite eingedrückt wird. Hiernach kann man von aktiven und passiven Akzenten sprechen, von denen der erstere durch willenskräftiges Fassen, der letztere durch ohnmächtiges Hineinsenken der Masse erzielt wird, z. B.

R. Schumann, Phantasie, Op. 17, 1. Satz. Erster Takt passiver, zweiter Takt aktiver Akzent

Instrumentationseffekte sind auf dem Klavier gewiß nicht unmöglich — der Spieler, der sie hervorbringen will, muß aber den Klangcharakter der Orchesterinstrumente genau kennen, er muß einen Anschlag haben, der alle Klangfarben des Klaviers beherrscht, und muß das Bedürfnis hegen, einzelne Töne oder Themen gegenüber anderen, wie im Orchester, verschieden gefärbt klingen zu hören. Das Vergleichen des Tonklanges mit dem Vokalklang der Sprache, wobei natürlich die dunkeln Vokale die Tiefe und die hellen die Höhe des Instrumentes charakterisieren, ist zur Einführung in diese Art des poetischen Vortrages sehr lehrreich. Besonders anregend aber ist das Studium von übertragenen Orchesterbegleitungen oder Klavierauszügen, in denen die ausführenden Orchesterinstrumente vom Komponisten selbst angegeben wurden. Einige Instrumentationsbeispiele sind:

R. Schumann, Phantasie, Op. 17, 1. Satz

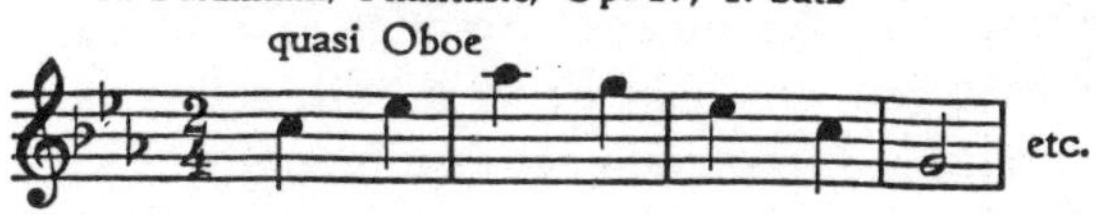

Fr. Liszt, Funerailles

J. Brahms, Intermezzo, Op. 10, No. 3

*

Ebenso wichtig wie das Erzeugen ist das Abschließen des Tones für die poetische Wirkung desselben. Dieses kann vor allem durch das rechte Pedal bedingt werden, welches ja, nachgetreten, sogar ein kleines cresc. auf einem liegenden Tone ermöglicht. Letzterer ist übrigens auch ohne Zuhilfenahme des Pedals immerhin ein klein wenig veränderlich, da durch ganz leichtes Nachschwingen des Fingers auf der Taste die Zwischenräume zwischen schwingender Saite, Hammer und Dämpfer und somit die Schwingungen selbst infolge der Bewegungen des Hammers und des Dämpfers beeinflußt werden. Das rechte und das linke Pedal — ersteres wird, wenn die Pedalwirkung zusammenhängend sein soll, beim Eintritt der neuen Harmonie gehoben und dann sofort niedergetreten — sind für die Beleuchtung der seelischen Gefilde dasselbe, was der blaue und der graue Himmel für die Erscheinung der Erde sind. Das rechte Pedal wärmt die Töne, das linke erkältet sie; das rechte Pedal bindet die getrennten, das linke Pedal möchte die gebundenen trennen. Das rechte Pedal läßt alle Obertöne mitschwingen, das linke Pedal möchte selbst die zunächstliegenden verschweigen. Gefühlsstärke und Gefühlsohnmacht! Aber das rechte Pedal bedeutet nicht immer ff, das linke nicht immer pp. Gerade die pp-Stellen des rechten Pedales haben eine besondere Süßigkeit und gerade die ff-Stellen des linken Pedales eine besondere Herbheit. Die beiden Pedale vollenden die malerischen Wirkungen der Klaviermusik. Sie sind die Mittel derjenigen Programmusik, welche auf illustrativem Wege den seelischen Inhalt eines Stückes zu vertiefen sucht. Windesrauschen, Wasserplätschern, Nachtdunkel und Morgendämmerung, Donnerrollen und Sterngeflimmer, Winterkälte und Sommergluten, Blühen und Welken zaubern sie vor unsere Sinne.

J. Brahms, Sonate, Op. 5, 2. Satz

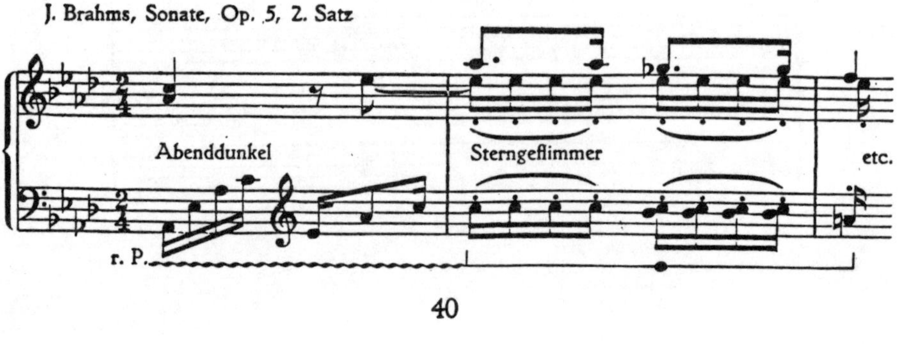

J. Brahms, Sonate, Op. 5, 5. Satz

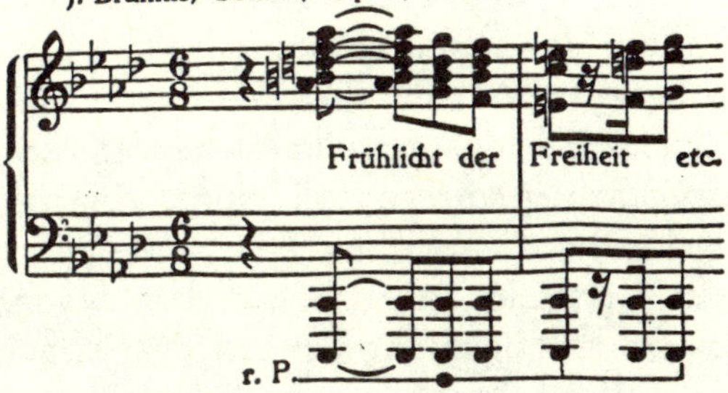

Fr. Schubert: Trockne Blumen. Gefrorne Tränen

Demjenigen, der sie nur musikalisch — technisch benützt, bleibt ihre tiefste Kraft unerschlossen, aber der Klavierpoet kann sie ganz vorzüglich zur Vertiefung seiner Intentionen verwerten. Für ihn ist nicht die liegende Dämpfung, sondern die gehobene als die ursprüngliche maßgebend, aber er muß beide Stellungen sehr genau und schnell wechseln können. Das linke Pedal wird im allgemeinen durch die Abkürzungsbuchstaben u. c. una corda, d. h. mit einer Saite, verlangt, weil beim Flügel durch das linke Pedal die Klaviatur so verschoben wird, daß der Hammer nur eine, resp. zwei Saiten berührt, im Gegensatze hierzu verlangen die Buchstaben tr. c. tre corde, d. h. mit drei Saiten, wieder den vollen Klang. Der Ausdruck con sordino, «mit Dämpfung» (das Gegenteil ist senza sordino, «ohne Dämpfung»), bedeutet eigentlich, wie z. B. bei Beethoven, nicht mit dem linken, sondern ohne das rechte Pedal, d. i. so, daß die Filzpflöckchen, welche in dem Rahmen ober den Saiten befestigt sind, auf den Saiten liegen. Ich habe in meinen Ausgaben als Zeichen für die Pedalbenützung zwei horizontale Striche, den oberen für das rechte (r. P.), den unteren für das linke Pedal (l. P.), unter den Stellen, welche mit Pedal zu spielen sind, eingeführt. Wo die Linie beginnt, ist der Fuß in das Pedal hineinzusenken (man hüte sich sehr, mit dem Fuß auf das Pedal zu stampfen!), wo sie aufhört, ist er schnell wieder zu heben, aber ohne das Pedal zu verlassen. Soll durch längere Strecken hindurch Pedal genommen werden, so wird der rasche Wechsel, der dazwischen geschehen soll, durch eine vertikale Linie auf der horizontalen gefordert ⊥. Soll nur halb gewechselt werden, so wird ein Punkt statt der Vertikalen gesetzt —•—. Ein besonderer Effekt des rechten Pedales ist die Ermöglichung der auf dem Klavichord gebräuchlichen «Bebung», die Beethoven in seiner Sonate Op. 110, 3. Satz, so wunderbar seelisch vertieft hat,

und das Verschwindenlassen leiser, hoher Töne, während die tiefen, stärkeren weiter schwingen, durch das sogenannte Pedaltremolo, welches ich durch eine Schlangenlinie 〰〰 angebe und welches durch oftmaligen geringen und schnellen Wechsel der Hebung und Senkung erreicht wird. Begleitungen in aufgelösten Akkorden werden übrigens, z. B. wenn die rechte Hand akkordfremde Töne dazwischenspielt, nicht immer mit Pedal genommen, sondern soweit es möglich ist mit den Fingern gehalten.

Bei der Erziehung zum poetischen Vortrage kommen nun aber noch eine Menge anderer Umstände in Betracht. Die poetischen Qualitäten des Instrumentes, des Tonwerkes, das vorgetragen werden soll, und der angewendeten Technik sind nicht immer bestimmend genug, um ein Stück in das richtige poetische Licht zu stellen. Man muß sich vor allem noch über die Persönlichkeit des Komponisten und über den Charakter der Zeit, in der er gelebt hat, orientieren, um gewissermaßen aus der Seele des Komponisten heraus das betreffende Werk neu schaffen zu können. Meiner Ansicht nach aber ist es falsch zu glauben, daß in den Künstlergenies die Zeit, in der sie gelebt haben, immer gipfle; freilich sind sie uns

Rückblickenden die Höhen ihrer Zeiten, aber diese haben doch auch oft andere Richtungen verfolgt. Wir halten ja die genialen Künstlertaten für ewig — das können sie aber nur sein, wenn sie nicht nur zeitliche, sondern ewige Elemente in sich tragen, Elemente, Teile jener Urkraft, welche Gott ist, jener liebevollen Urgewalt, die das Leben entzündet, erleuchtet und verklärt in dem reinen Lichte der Poesie. Je größer einer unserer Tonheroen war, um so größer war der Reichtum seiner poetischen Kraft. Wir können und müssen auch die Nächte durchschauen, in denen diese hellen Gestirne geglänzt haben, wir müssen uns auch in das, was sie in denselben mit Worten aufgeschrieben haben, vertiefen, aber ein Teil von ihnen können wir nur werden, wenn es uns gelingt, alle persönlichen Interessen in die Nacht zu versenken, worin uns das Licht der göttlichen Schöpfungskraft begnaden kann. Man spricht von *subjektiver* und *objektiver Darstellung* und läßt als erste oft eine extravagante, nur von einseitigem Empfinden diktierte Vortragsweise, als letzte oft ein genaues Abspielen des Notentextes ohne innere Anteilnahme gelten. Beides ist verwerflich. In einer idealen Reproduktion am Klavier decken sich die Subjektivität und die Objektivität vollkommen, d. h. der Künstler muß sich den Charakter des vorzutragenden Stückes in liebevollem Versenken so zu eigen gemacht haben, daß er ihn in der konzentriertesten, eigensten Subjektivität am objektivsten, d. h. in der demselben entsprechendsten Weise wiedergibt. Wenn wir von einem Mitmenschen einem Dritten gegenüber eine falsche Charakterschilderung machen, werden wir einer Sünde schuldig; dasselbe ist aber auch der Fall, wenn wir ein Mozartsches Tonwerk ohne Herzensgüte, ein Beethovensches ohne Sittengröße, ein Schumannsches ohne Gemütstiefe, ein Chopinsches ohne Seelentrauer, ein Bachsches ohne Glaubensmut, ein Brahmssches ohne Gefühlskraft, und ein Lisztsches ohne Liebesweihe vortragen. Zur Unterscheidung des seelischen Charakters der verschiedenen Komponisten ist besonders nützlich, ähnliche Stellen in Bezug auf ihren Gefühlsgehalt zu vergleichen, z. B.

Fr. Liszt, Sonate, H moll

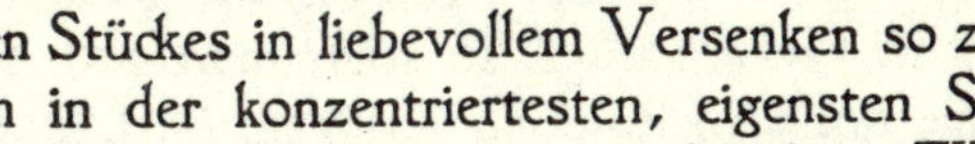

etc.

In demütiger Hingebung

L. v. Beethoven, Sonate, Op. 90, 1. Satz

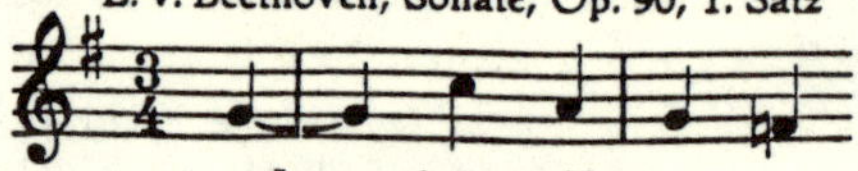

In ungebeugter Treue

J. S. Bach, Wohltemperiertes Klavier, I. Teil, Fuge, G moll

In hartem Schmerze

R. Schumann, Kreisleriana, Op. 16, No. 4

In weichem Leide

Die heute bei der Beurteilung einer Kunstleistung oft gut geheißene Trennung von Künstler und Mensch ist für die Echtheit der künstlerischen Produktion gewiß verhängnisvoll. Man könnte sich die beiden wohl getrennt denken — aber wie den Prediger, der seine Worte nur auf der Zunge und nicht im Herzen trägt, so sollte man auch die Künstler, welche die Ideale, die sie auf dem Podium besingen, im Leben nicht zu befolgen vermögen, als unvollkommene Zeugen der heiligen Kunst betrachten. Die Art unseres heutigen Konzertierens ist übrigens in mancher Hinsicht unpoetisch. Daran sind oft schuld: das übermäßig erhöhte Podium, die Schaustellung des Äußerlichen, die Neugierde der Zuschauenden — die Zuhörenden kann man sie manchmal gar nicht nennen, da ihr Ohr ohne Aufmerksamkeit ist und ihnen nicht zum Beten ums Herz ist, wie es P. Rosegger von den Musikgenießenden verlangt —, die grelle Beleuchtung der Säle, die für intimere Vorführungen in der Regel zu groß sind und den Pianisten zur ausschließlichen Wahl von großen Sachen und zur Forcierung seiner Tonstärke zwingen, die nach der physischen Kraft zusammengestellten Programme, die zwar möglichst lang sind, aber weder musikalisch noch psychisch einen Zusammenhang oder Gegensatz in der Einheit verraten und in der Regel mit einem technischen Feuerwerk abschließen, und endlich das Überwuchern mittelmäßiger Leistungen, die oft nicht aus künstlerischen Motiven in den Vordergrund gerückt werden. Der Erzieher zur Poesie darf den Künstler und den Menschen nicht trennen, ihm muß das Kunstwerk das Spiegelbild des Menschen sein, der es geschaffen, und er muß zuerst die Eigenschaften dieses Menschen in die Brust seines Schülers säen, damit dessen Kunst eben wieder die Eigenschaften ihres ersten Schöpfers an sich trage. Er muß seinem Zöglinge vor allem durch Gleichnisse die Poesie des Klavierklanges und Klavierspieles erschließen und in ihm das Verständnis für die poetische Deutung des Kunstwerkes erwecken, er muß ihm die Poesie des Lebens im allgemeinen veranschaulichen und seine speziellen poetischen Veranlagungen wachrufen und er muß endlich wie in einem Brennglas alle diese poetischen Strahlen in der Persönlichkeit des Komponisten, dessen Werk dargestellt werden soll, zu einem reinen, hellen, warmen Feuer der Begeisterung vereinen. Der ausübende, konzertierende Pianist aber muß mit diesem Feuer alle Herzen entzünden, welche die Laien zu dem Gottesdienste in der Kunst mitgebracht haben; er ist der Mittler zwischen ihnen und dem Komponisten; wenn ihn nicht die Verehrung zu letzterem und die Würdigung der ersteren leitet, wird das Feuer nicht rein sein und der Rauch wird es zu Boden schlagen — sonst aber werden die heiligen Flammen in Liebe einander umschlingen und das gemeinsame Brandopfer wird glückselig zu dem emporsteigen, der es gnädig in allen entzündet hat.

VERZEICHNIS DER BEISPIELE.

Nachwort des Herausgebers

Einführung

„Gottesdienst in der Kunst ... Heilige Flammen ... das gemeinsame Brandopfer ...“[1] – Kann man solch einen Text heute noch ernst nehmen, der doch in einer Zeit befangen erscheint, als Kunst und Musik noch wahrhaft als Religion erschienen, als die ausübenden Künstler sich als Hohepriester eines kultischen Akts gerierten, der dem empfindsamen Gemüt wohlige Schauer über den Rücken jagen konnte; nun aber halt mit den ungezügelten Formulierungen: Der vorliegende Text steht in einer literarischen Tradition, die sich von der Empfindsamkeit eines Johann Heinrich Wackenroder und eines Ludwig Tieck mehr als ein Jahrhundert früher bis ins 20. Jahrhundert fortsetzte, wenn es galt, das Erleben von Musik in Worte zu kleiden:

> *„Wenn ich es so recht innig genieße, wie der leeren Stille sich auf einmal aus freier Willkür ein schöner Zug von Tönen entwindet und als ein Opferrausch emporsteigt, sich in Lüften wiegt und wieder still zur Erde herabsinkt, da entsprießen und drängen sich so viele neue, schöne Bilder in meinem Herzen, dass ich vor Wonne mich nicht zu lassen weiß ... Die Musik ist die einzige Kunst, welche die mannigfaltigsten und widersprechendsten Bewegungen unseres Gemüts auf dieselben schönen Harmonien zurückführt, die mit Freud und Leid, mit Verzweiflung und Verehrung in gleichen harmonischen Tönen spielt ... Dem feinfühlenden Herzen wird der kleinste Schmerz zum größten Weh, die kleinste Freude zum größten Jubel. Die Tonkunst ist das beste Mittel dazu. In ihr liegen die süßesten und bittersten Gefühlskeime verborgen, dem*

nachschaffenden Künstler ist es vergönnt, diese in seinem eigenen Herzen zu hohen Blumen auferstehen zu sehen, und dem verständigen Zuhörer ist es gegeben, deren Duft durch seine Brust ziehen zu lassen, damit er alle verwandten Blumen darin liebkose und zu neuem Blühen bringen möge."[2]

Haben Sie bemerkt, wo Wackenroder/Tieck enden und Pembaur anfängt?

Wenn nicht, dann lesen Sie das ganze Kapitel „Die Wunder der Tonkunst" aus den „Phantasien über die Kunst" von 1799: Sie werden feststellen, wie weit sich Pembaurs Text in der gesamten ästhetischen Haltung, aber auch in Details des Wortschatzes und der Formulierungen an die frühromantischen Kunstphantasien anlehnt. Ein geistiges Band indessen verbindet den Autor auch mit anderen Phänomenen der Romantik. Bedenken wir nur, welche Sinne am geschilderten Musikerlebnis beteiligt sind: Schmecken (z. B. süß und bitter), Sehen, Riechen, Tasten (z. B. liebkosen), vom Hören ist gar nicht die Rede, so stark ist die Empfindungsfähigkeit durch ein synästhetisches Wahrnehmen und Erleben geprägt. Und damit sind wir bei einem Wesensmerkmal der Romantik, der Vermischung der Sinnesebenen in beinahe übersteigerter Empfindsamkeit. Aber gleichzeitig scheint das von unserer nüchternen Umgangsweise mit Musik so unendlich weit entfernt zu sein, daß man wirklich Zweifel haben muss, ob denn zu einer derartigen Erlebnisfähigkeit, über die Zeitspanne fast eines Jahrhunderts, überhaupt noch eine Verbindung herzustellen ist. Doch auch im Jahre 1911, als Josef Pembaur der Jüngere sein Büchlein erstmals publizierte, war seine „neuromantische" Weltsicht keineswegs auf der Höhe der Zeit, wurde auch schon in einen Strudel künstlerischer Ereignisse gezogen, in dem die letzten Reste der Romantik binnen weniger Jahre untergehen sollten.

Biografische Notizen: Wer war dieser Josef Pembaur der Jüngere?

Er wurde 1875 in Innsbruck als Sohn eines bekannten Pädagogen, Dirigenten, Chordirektors und Komponisten geboren. Josef Pembaur der Ältere sorgte zunächst selbst für eine gründliche musikalische Ausbildung seines Sohnes und verwies ihn dann an die Münchener Akademie der Tonkunst, wo u. a. Rheinberger und Thuille seine Lehrer waren. Für die pianistische Entwicklung noch bedeutender aber war die Fortsetzung seines Studiums bei dem bekannten Pianisten Alfred Reisenauer in Leipzig. Aufgrund seiner Erfolge als Konzertpianist wurde Josef Pembaur d. J. bereits 1912 zum Professor am Leipziger Konservatorium berufen. 1921 folgte er einem Ruf an die Akademie der Tonkunst nach München, wo er bis zu seiner Emeritierung 1948 eine Meisterklasse für Klavier leitete. Neben seiner Lehrtätigkeit ging Pembaur einer umfangreichen Konzerttätigkeit nach; er starb 1950 in München.

Prägungen und Einflüsse: Wie spielte Pembaur d. J. Klavier ?

Pembaurs Gedanken über Musik sind ebenso wie sein pianistischer Stil einer Entwicklungslinie verpflichtet, die über seinen wichtigsten Lehrer Alfred Reisenauer direkt zu Franz Liszt führt, bezeichnenderweise aber nicht zum dämonischen Virtuosen, sondern eher zum Klangästheten. So bewundert der Zeitgenosse Walter Niemann, selbst Komponist, Pianist und Kritiker, am Liszt-Schüler Reisenauer „die Gabe einer Übertragung orchestralen Farbenzaubers aufs Klavier“[3]. Das Urteil Niemanns, der Pembaur wie Reisenauer oft, vor allem auch auf der Höhe ihrer pianistischen Karriere hören konnte, dürfte am objektivsten wiedergeben, was beide zu den „großen romantischen Koloristen“[4] unter den Pianisten seiner Zeit prädestinierte. Im Vordergrund steht bei beiden das Klavierwerk Schuberts, Schumanns, Chopins und Liszts, das sie offensichtlich in einer unnachahmlichen klanglichen Differenziertheit darzubieten verstanden. Die stark subjektivistische Prägung des Vortrags musste natürlich Kritiker auf der akademischen Seite auf den Plan rufen – wohl nicht zu Unrecht kritisiert Niemann beider Interpretationen klassischer und vorklassischer Musik.

Pembaurs Klavierspiel scheint von romantischem Überschwang, gepaart mit großer rhythmischer Freiheit, geprägt gewesen zu sein. Insbesondere Niemanns kritische Worte vermitteln den deutlichen Eindruck einer eigenwilligen, heute wohl weniger akzeptierten Vortragskunst:

> *„Man mag bei der gelegentlichen, poetisierenden Überbetonung des Gefühlsmäßigen in manchen Details, in der Verbreiterung manchen Tempos, in den Dehnungen mancher, im Gefühlsstrom abebbender Stellen vielleicht einmal andrer Meinung sein, eine schlichtere, natürlichere und weniger von einem ganz bestimmten Programm erfüllte, eine weniger tonmalerisch-phantastisch errichtete Auffassung wünschen. Man wird, ist man ‚klassisch-akademisch' in der Musik erzogen, seinem Beethovenstil gegenüber die Bedenken haben dürfen, daß es sich ganz subjektivistisch-modern und romantisch-tonmalerisch, also aus starken bildmäßigen Phantasievorstellungen heraus und in den stärksten dynamischen Gegensätzen und mit unbedingter Freiheit in den Tempi gibt."*[5]

Dennoch sollte man Vorsicht walten lassen mit einem pauschalen Verdikt: Schon Niemann sieht die Möglichkeit unterschiedlicher

Standpunkte, auch das „klassisch-akademische“ Musikverständnis kann nicht verabsolutiert werden. Es ist ein ganz bestimmtes Verständnis von Musik, das Pembaurs – stilistisch gewiß anfechtbare – Extremdeutungen dennoch interessant machen: Ich möchte von einer fast pädagogischen Darstellung sprechen, die versucht, die Töne zum Sprechen zu bringen – eine Art „Klangrede“, ausgehend von energetischen Differenzierungen, gipfelnd in der radikalen Umsetzung von Sprachbildern, von programmatischen Vorstellungen.

In einem nicht unumstrittenen Buch erwähnt Carl Adolf Martienssen in deutlicher Abgrenzung zu Ferruccio Busonis Spielart die „ekstatisch bewegte Klangwelt Josef Pembaurs“, dem er gleichzeitig einen „nervös-differenzierten Spielapparat“ zuschreibt[6]. In der Theorie eines „ekstatischen schöpferischen Klangwillens“, die Martienssen als typisch romantische Interpretationskategorie entwickelt[7], gelten insbesondere Klangnuancen, die durch differenziertesten Pedalgebrauch zu erzeugen sind, als primäre Ausdrucksträger. Das Tempo muss dabei sogar extreme Verzerrungen erleiden; war Pembaurs Klavierspiel Anlass zu der folgenden Beschreibung ?

> *„Er [der ekstatische Kunstwille] hat die Zeit – vor allem: er l ä ß t sich die Zeit. Die Einheit des Tempos eines Satzes wird vom ekstatischen Kunstwillen bei der Reproduktion häufig gründlich durchbrochen. Es ist nichts Ungewöhnliches, daß hier das zweite Thema eines Sonatensatzes, etwa der Waldstein-Sonate, der Wanderer-Phantasie, fast nur noch halb so schnell gespielt wird wie das erste Thema. Und dennoch zwingt trotz aller offensichtlichen Sünden wider den Organismus des Kunstwerkes bei den großen dieses Typs der Vortrag die Hörer in Bann.“*[8]

Wir können uns Pembaurs Art des Klavierspiels nur andeutungsweise erschließen, da historische Zeugnisse, wie z. B. Welte-Mignon-Einspielungen oder frühe Tonaufnahmen, nicht existieren oder zumindest nicht auffindbar sind. Pembaurs Vermächtnis ist das vorliegende Libell, das in Worten versucht, dem Leser einen Eindruck, wenn nicht gar eine Vision von musikalischer Interpretationskunst zu geben. Der vorherrschende Duktus romantischer Schwärmerei bereitete wohl früheren Lesern weniger Probleme als heutigen. Über dieser zeitgebundenen wie persönlichkeitstypischen Eigenheit darf aber nicht die Bedeutsamkeit mancher Gedanken in Vergessenheit geraten. Es ist bemerkenswert, wie Pembaur den Weg von eher prosaischen spieltechnischen Ratschlägen immer wieder zu poetischen Wortbildern findet, wie es ihm gelingt, beide aufeinander zu beziehen und zu verklammern. Da darf es kein inhaltsleeres, mechanisches Abspulen von Spielfiguren geben, nein: Jeder Ton erhält Bedeutung, wird mit Leben erfüllt. Energetische Aussagen mischen sich mit programmatischen, beide werden gebündelt im Willen zum unbedingten Ausdruck, zur Expressivität. Und damit sind wir bei einer zentralen Kategorie von Interpretation, heute wie vor fast 200 Jahren: „Der Ausdruck der Empfindungen in ihren verschiedenen Modifikationen ist der eigentliche Endzweck der Tonkunst und daher das erste und vorzüglichste Erfordernis eines jeden Tonstückes." So formulierte schon 1802 Christoph Koch in seinem *Musicalischen Lexikon.*[9]

Expressivität im Spannungsfeld von Kompositionsstruktur und subjektiver Deutung

Ausdruck: Gemeint ist damit ebenso eine (im Vortrag zu verdeutlichende) Funktion der Kompositionsstruktur wie eine zentrale Kategorie des (durchaus auch subjektiv geprägten) Vortrags. Pembaurs offensichtlich gelegentlich stark subjektive Deutung klassischer Werke entbehrt keineswegs jeder Rechtfertigung: In seinem Büchlein tritt er durchaus den Nachweis an, dass seine Deutungen musikalische Strukturen berücksichtigen; ein Beispiel: In einem Ausschnitt aus Bachs Präludium b-Moll (1. Teil des Wohltemperierten Klaviers) überlappen sich Vorhaltsbildungen, die Pembaur mit Kreuzchen kennzeichnet, und rhythmische Gestaltbildungen, die ihrerseits eine artikulatorische Hervorhebung rechtfertigen könnten. Pembaur geht nun von der Ausdruckskraft der Dissonanzauflösung aus und empfiehlt, die gekennzeichneten Töne „als Auflösung der entsprechend stark betonten vorausgegangenen Note weich und in einem verständlichen, im schnellen Gesamttempo sogar dem Ausdrucke zuliebe manchmal ein ganz klein wenig gedehnten Zeitmaße zu spielen."[10] Das ist keine subjektiv-willkürliche Anregung zu unmotivierten Temposchwankungen, sondern ein genau durchdachtes, harmonisch-strukturell eingesetztes Rubato, das nur dann befremdet, wenn es überzogen wird. Und in mancher Hinsicht verbindet sich eine derartige Interpretation sogar mit historischen Aufführungspraktiken barocker Musik, die ja gerade nicht eine uniform-gleichmäßige, sondern eine ausdruckshaft-lebendige, artikulatorisch oft extrem geschärfte Darstellungsweise auszeichnet. Pembaur bemängelt so in ganz moderner Sicht die ausdrucksmäßigen Unzulänglichkeiten eines „gefühllosen, nur auf Kraft und Gleichmäßigkeit abgestimmten Bachspiels." Wieder wortspielerisch-illustrierend erweist er sich im Folgenden: „So ein Bach bringt nichts als Gerölle, abgerissene Brückenpfähle und alte Dachschindeln mit sich, oder er strömt dahin wie flüssiger Marmor, glänzend zwar, aber undurchdringlich für die Strahlen der Sonne oder den Blick der Blumen, die vom Rande gar zu gern in seine Tiefen schauen möchten."[11] Welch ein Sprachbild! Das ist kein selbstgefälliges Wortgeklingel, sondern der nachdrückliche Versuch, einem Leser resp. Spieler zu verdeutlichen, ja ihm einzuflüstern, was gestalterische Kraft vermag. Diese poetische Abschweifung, das muss betont werden, ist eben nicht unmotiviert-subjektivistisch, sondern beruht auf einem musikologisch nachweisbaren und zu rechtfertigendem Befund.

Intermezzo

Damit sind wir mitten im Gedankenstrom Pembaurs: Man merkt dem Text an, dass er aus einem Vortrag entstand, dass er wohl eindringlich gesprochen und mit musikalischen Beispielen umrahmt wurde. So darf man keine wissenschaftlich untermauerten und abgewogenen Erkenntnisse erwarten, sondern Erfahrungen, teilweise ganz persönlicher Art. Nicht alles wird ein Leser nachempfinden können, dennoch bin ich überzeugt, dass auch die Auseinandersetzung mit weniger nachvollziehbaren Deutungen Gewinn für das eigene Verständnis eines Stückes bringt; und vielleicht wird man auf dieser Basis auch manches bewusster und intensiver spielen als zuvor.
In welche Richtung Pembaur auch pädagogisch wirkte, sieht man beispielsweise an einer Schrift seiner Schülerin Frieda Schmidt-Maritz mit dem Titel „Musikerziehung durch den Klavierunterricht" (1925): ein ganzheitlich zu nennender Ansatz, der weit über die Bewältigung spieltechnischer Probleme hinausgeht, der die Persönlichkeitsbildung mit Hilfe von Musik ins Zentrum aller pädagogischen Bemühungen stellt – in etlichen Details fühlt sich der Lehrer Pembaur offensichtlich reformpädagogischen Ideen verpflichtet.

Reaktionen und Interdependenzen: Pembaurs Schrift in der Geschichte des Klavierspiels

Ein Büchlein, das es in einer Zeit großer Unsicherheit im Umfeld des 1. Weltkrieges zu immerhin fünf Auflagen brachte, musste auch in der Fachwelt auf Resonanz stoßen. Erwähnt wird das Werk u. a. in Rudolf Maria Breithaupts einflussreichem Standardwerk „Die natürliche Klaviertechnik" als gewichtiger Beitrag zur Vortragslehre[12]. Allerdings muss klar gesagt werden, dass Pembaur in seinen klaviermethodischen Hinweisen jede einseitige Fixierung Breithaupts auf den Armschwung, der den Fingern nur mehr eine Stützfunktion zuweist, meidet; man könnte eher eine Verbindung zur Leschetitzky-Schule herstellen, die versucht, undogmatisch ältere Fingertechnik und neuere Armschwungtechnik den spieltechnischen und gestalterischen Erfordernissen entsprechend zu integrieren[13]. Der schon mehrmals zitierte Walter Niemann versteht in seiner Neubearbeitung von Adolph Kullaks Handbuch „Ästhetik des Klavierspiels" aus dem Jahr 1916 Pembaurs Buch sogar als Gegenpol zu einer allzu rational-physiologischen Lehre vom Klavierspiel, wie sie seinerzeit verbreitet war:

> *„In diesem Sinne begrüßen wir das durchaus subjektive, dichterisch und phantasievoll, romantisch, malerisch-bildhaft und naturbeseelt auslegende moderne K ü n s t l e r b u c h, wie es in seiner reinsten, tief durch die Mystik und Religiosität der Romantik gegangenen Form Josef Pembaur d. Jg. (...) vertritt, gegenüber der einseitig-intellektualistischen und mechanisierend-rationalistischen Entartung der modernen klaviermethodischen Schriften in physiologische Anatomien oder akustische Kollegien als wahre Erlösung."*[14]

Ein Beispiel dafür, wie der Brückenschlag zwischen spieltechnisch--physiologischer Unterweisung und poetisch-ausdrucksvoller Klanggestaltung gelingt: Dass Pembaurs Alltag der des Konzertpianisten und zugleich Konservatoriumslehrers war, lassen die profunden

Ausführungen zur Spieltechnik, die an der Organik von Bewegungsabläufen orientiert sind, erkennen. Man sollte sich vor Augen halten, dass der Konzertpianist Pembaur den immensen technischen Schwierigkeiten des großen romantischen Repertoirs offensichtlich gewachsen war, wie auch Walter Niemann bestätigt, der seine Interpretationen der beiden Lisztschen Klavierkonzerte rühmt[15]. Interessant wird es, wenn der Autor unversehens eine Brücke schlägt von der Fingerhaltung und der Muskelspannung zu Gefühlszuständen. Wenn da auf einmal, mit Bezug auf Rilke und Rodin, von den „Seelen der gemeißelten Hände“[16] die Rede ist, wird deutlich, wie Spieltechnik und Ausdruckswille ineinanderwirken. Man mag über die „verzweifelte Hand“ beim Dominantseptakkord in Chopins Etüde op. 10 Nr. 12, der „Revolutionsetüde“, schmunzeln, desgleichen über die „hoffnungsselige“, die „trotzige“ und gar die „reuige“ Hand. Aber ganz von der Hand zu weisen ist nicht, dass die im Notenbild zitierten Stellen völlig unterschiedliche Arten des Anschlags erfordern, denen man vielleicht über eine derart programmatisch angeregte Vorstellung näherkommt. Ich sehe darin weniger den Absolutheitsanspruch einer Inhaltsdeutung als vielmehr das pädagogische Bemühen, durch das Ansprechen mehrerer Wahrnehmungskanäle den gezielten Aufbau einer eigenen Vorstellung zu unterstützen – wie ein Lehrer auch im Schulunterricht auf Bilder und Analogien zurückgreift, um vielleicht subjektive Erfahrungen seiner Schüler anzusprechen und damit das Verstehen zu fördern. Verstehen, Begreifen entsprechend der Bedeutung des Wortes: Hier ist nicht ein passives Rezipieren oder das Übernehmen fremder Vorstellungen gemeint, sondern die Konstruktion einer eigenen Wirklichkeit, durchaus im Sinne konstruktivistischer Weltdeutung.

Steigerung der musikalischen Erlebnisfähigkeit durch synästhetische Erfahrungen

Mit den Ausführungen zum „Tonartenfarbensinn“ begibt sich Pembaur auf eine esoterisch zu nennende, gleichwohl von tiefer Empfindungsfähigkeit geprägte Ebene musikalischer Wahrnehmung. Die Fähigkeit zur Synästhesie, zur „Mitempfindung“, wie z. B. die geschilderten Farben bei bestimmten Tonarten[17], ist nur wenigen Menschen angeboren, findet sich aber immer wieder als Mittel der Erweiterung und Intensivierung künstlerischer Produktion. „Golden wehn die Töne nieder“ heißt es in Clemens Brentanos berühmtem Gedicht „Hör, es klagt die Flöte wieder“[18] (1803), der damit die Verbindung der Künste als romantischen Topos verfestigte. Und besonders in der Zeit nach der Jahrhundertwende hatte Synästhesie Konjunktur: Zu erinnern ist vor allem an Skrjabins „Farbenklavier“, dessen Lichtprojektionen in der Partitur von „Promethée – Poème du feu“ (1910) den Tonarten zugeordnet werden. In einer Darstellung des Quintenzirkels ist jede Tonart nach Skrjabins subjektiver Erfahrung mit einer Farbe gekoppelt, das auch bei Pembaur genannte Fis-Dur mit einem strahlenden Blau. Da aber beginnen auch schon die Unterschiede: Pembaurs eher am Farbspektrum des Regenbogens und an der musikimmanenten Systematik des Quintenzirkels orientierten Vorstellungen weisen dem „Ges-Fis“ eine „schillernde“ Farbigkeit zu, die in Chopins Barcarolle ihre musikalische Entsprechung findet. Man könnte weitere Farbzuordnungen bei Wassily Kandinsky, bei Rudolf Steiner, bei Olivier Messiaen damit vergleichen: Die Subjektivität synästhetischer Erfahrung lässt zwar ein generalisierendes System nicht zu, kann aber als Merkmal gesteigerter künstlerischer Erlebnisfähigkeit den Umgang mit Musik vertiefen und intensivieren.

Pembaur und die Musik seiner Zeit

Pembaurs musikalischer Horizont ist geprägt von den großen Meistern aus Barock, Klassik und Romantik, von J.S. Bach bis hin zu Liszt und Brahms. Von einer Beschäftigung mit der Musik seiner Zeit, mit Skrjabin, Schönberg oder Strawinsky, erfahren wir nichts. Auch der stilistische Rahmen seiner pianistischen Darstellungskunst ist ganz am romantischen Klang- und Differenzierungsideal orientiert. Man mag erst an Pembaurs feinsinniger Darstellung von Interpretationsnuancen ermessen, was für eine Umwälzung der Einbruch der Neuen Musik zur Zeit der Entstehung des Büchleins bedeutet haben muss: Der virtuose Fieberwahn des späten Skrjabin, die expressionistische Atonalität von Schönbergs Klavierstücken op. 11 (1909), die Monotonie „primitiver" Musik in Béla Bartóks „Allegro barbaro" (1911), das Klavier als Schlagwerk in Hindemiths späterer „Suite 1922": Das konnte Pembaur nicht nachvollziehen; gegen diese Welt musste er sich abschotten. Und so wird seine Welt des poetischen Klavierspiels zu einer Enklave in der Realität der musikalischen Gegenwart, zur Welt des Rückzugs bis in die Ästhetik hinein: „Mein Reich ist nicht von dieser Welt"[19] wird nicht ohne Grund schon zu Beginn des Büchleins zitiert. So wird die Welt der Poesie, des poetischen Klavierspiels zu einem Gegenentwurf, zu einem Utopia voll gefühlsbetonter Innerlichkeit in einer mechanisierten und gefühlskalten Umwelt. Dass diese Worte, niedergeschrieben 1998, am Ende eines wahrlich umwälzenden Jahrhunderts, noch die gleiche Gültigkeit haben wie im Jahr 1910, sollte uns zu denken geben.

Epilog

„Von der Poesie des Klavierspiels" – es ist nicht möglich, die gesamte Gedankenfülle dieses Bändchens zu kommentieren, auch nicht die abwegigen und uns gelegentlich fremden Ideen. Man darf auch keine systematische Abhandlung zu einem Thema oder einen pianistischen Lehrgang erwarten: Hier spricht und fabuliert ein Künstler, der von einer ästhetischen Vorstellung überzeugt ist und diese in pädagogischer Absicht weiterträgt. Man muss wohl manches mehrmals lesen, um zu verstehen, welche Bedeutungsnuancen ein rasch hingeworfenes Sprachbild gewinnen kann. Und man muss auch ein wenig Faible für die Bildkraft von Sprache haben; manches klingt – laut vor sich hingesprochen – wie ein poetischer Text. Als poetische Texte wollen danach auch die Musikwerke verstanden werden, und darin sehe ich eine Chance für den „wissenden" Pianisten: Es ist im Prinzip gleichgültig, mit welchen Vorstellungen die Elemente eines Tonsatzes geistig verbunden werden. Entscheidend ist vielmehr ein Ausdruckswollen, das keine unbedeutenden oder beiläufigen Töne kennt. In der Konzentration auf Musik als ein Medium der Expression und der Kommunikation liegt die Modernität von Pembaurs Gedanken.

Anmerkungen

1 Pembaur 1919, 45
2 Wackenroder/Tieck 1973, 64 ff.; Pembaur 1919, 5
3 Niemann 1919, 38
4 ebda., 36
5 Niemann 1919, 41 f.
6 Martienssen 1983, 40
7 ebda., 77 ff.
8 ebda., 81
9 zit. nach Danuser 1992, 43
10 Pembaur 1919, 29
11 ebda., 29 f.
12 Breithaupt 1921, 626
13 vgl. Dichler 1963, 21 f.; Marek 1986, 20 ff.
14 Kullak 1916, 134
15 Niemann 1919, 41
16 Pembaur 1919, 12
17 ebda., 33 f.
18 Brentano 1981
19 Pembaur 1919, 3

Literatur

Breithaupt, Rudolf Maria. ^{4}1921 [^{1}1905]. *Die natürliche Klaviertechnik. Band I. Handbuch der modernen Methodik und Spielpraxis.* Leipzig: Kahnt Nachf..

Brentano, Clemens. 1981. *Gedichte. Erzählungen. Briefe.* Hg. von Hans Magnus Enzensberger. Frankfurt am Main: Insel.

Danuser, Hermann (Hg.). 1992. *Musikalische Interpretation.* Laaber: Laaber-Verlag = Neues Handbuch der Musikwissenschaft. Band 11.

Dichler, Josef. ^{2}1963 [^{1}1947]. *Der Weg zum künstlerischen Klavierspiel.* Wien: Doblinger.

Kullak, Adolph. ^{6}1916 [^{1}1860]. *Ästhetik des Klavierspiels.* Hg. von Walter Niemann. Leipzig: C.F. Kahnt Nachf. [Berlin: Kahnt].

Marek, Czeslaw. ^{3}1986 [^{1}1972]. *Lehre des Klavierspiels.* Zürich: Atlantis.

Martienssen, Carl Adolph. 1983 = Lizenzausgabe der 2., unveränderten Auflage Leipzig 1957 [^{1}1954]. *Schöpferischer Klavierunterricht.* Wiesbaden: Breitkopf & Härtel. [Leipzig: VEB Breitkopf & Härtel].

Niemann, Walter. $^{1-8}$1919. *Meister des Klaviers. Die Pianisten der Gegenwart und der letzten Vergangenheit.* Berlin: Schuster & Löffler.

Schmidt-Maritz, Frieda. 1925. *Musikerziehung durch den Klavierunterricht*. Berlin-Lichterfelde: Vieweg.

Wackenroder, Johann Heinrich/Tieck, Ludwig. 1973 [[1]1799]. *Phantasien über die Kunst.* Stuttgart: Reclam.

Zentner, Wilhelm. 1962. Artikel „Pembaur“, in: *MGG*. Band 10. Hg. von Friedrich Blume, Kassel u.a.: Bärenreiter, Sp. 1011-1013.

PianoPädagogik

herausgegeben von Ludwig Striegel

Die Reihe „PianoPädagogik" befasst sich in den ersten 4 Bänden mit spieltechnisch nicht zu anspruchsvoller Klaviermusik unter pädagogischen Aspekten; das Verstehen von Musik in ihrem stilistischen und geistesgeschichtlichen Umfeld wird dabei auf konkrete interpretatorische Problemstellungen bezogen. Die unter bestimmten thematischen Gesichtspunkten ausgewählten Stücke sollen Interesse wecken, sich in vielfältiger Weise mit Musik auseinanderzusetzen, sei es durch Klavierspielen, Umgestalten, Improvisieren, Nachdenken oder eigenes Weiterforschen. „PianoPädagogik" wendet sich nicht nur an Musiklehrer verschiedenster Couleur, sondern auch an interessierte Laien, die offen sind für ungewöhnliche Fragestellungen. Ab Band 5 soll auch ein Forum geboten werden für verschiedenartige klavierpädagogische Ansätze.

Band 1

Ludwig Striegel

Schlaffe Präludien und verdorrte *Embryos*

Klavierspielen mit Erik Satie

Inhalt: Immer stärker rückt der französische Komponist Erik Satie (1866-1925) in das Bewusstsein der Öffentlichkeit – gleichermaßen als schillernde Figur mit schrulligen Eigenheiten, als hintergründiger Humorist wie als visionärer Neuerer, bei dem sich Meditation und Unterhaltungsmusik ebenso verweben wie Berieselungsmusik und multimediale Experimente. Da ein Großteil der Kompositionen Saties für Klavier geschrieben und überdies spieltechnisch nicht schwierig ist, bietet sich jedem Interessenten die Möglichkeit zu Entdeckungen: Was steht hinter den „meditativen", ganz langsam zu spielenden Frühwerken; was bedeuten die ungewöhnlichen Spielanweisungen und die Stories zur Musik, welche Bedeutungen erschließen sich aus dem Zusammenwirken mehrerer Sinnesebenen in den multimedialen Kompositionen, was macht den spezifischen Humor Saties aus, welche Konsequenzen lassen sich daraus für die konzertante Präsentation seiner Musik ziehen? Fragen über Fragen, interpretatorische Fallstricke und philosophische Reflexionen – und überdies Anregungen zum kreativen Umgang mit Saties Musik, zum Umgestalten und Improvisieren mit präpariertem Klavier und Keyboard: Wer sich mit Erik Satie genauer auseinandersetzt, wird seine Überraschungen erleben, vielleicht Lust auf mehr bekommen, vielleicht aber auch den Wunsch verspüren, über dieser Faszination des Unerwarteten auch mit anderen in einen Diskurs einzutreten. Satie will auch für die Pädagogik entdeckt werden.

ISSN 1433-724X ISBN 3-929379-01-5 ISMN M-50102-000-03
136 Seiten, 7 Abbildungen, 12 Notenbeispiele 28,-DM

in Vorbereitung:

Band 2

Ludwig Striegel

Von fremden Ländern und Menschen
Exotikrezeption in kleinen Klavierstücken

Inhalt: Die Faszination des Fremden durchzieht die Musikgeschichte wie ein roter Faden: Ihr verdankt sie die musikalische

Türkenmode ebenso wie die hybride Idee einer Weltmusik als der mehr oder weniger friedlichen Begegnung verschiedener Kulturen. In diesem geistesgeschichtlich brisanten Umfeld entstanden viele Klavierstücke, die Fragen aufwerfen: Ist das Fremde, das sich in vielgestaltigen musikalischen Formen zu erkennen gibt, lediglich ein blasser Reflex anderer Musikkulturen, das allenfalls geeignet ist, die „Höherwertigkeit" der abendländischen Musiktradition zu bestätigen? Oder findet in derartigen Kompositionen tatsächlich eine echte Verschmelzung kultureller Traditionen statt, die das Verständnis der Eigenständigkeit des Fremden und seine Integration fördern? Das Hauptgewicht der Darstellung liegt auf Kompositionen des 19.und 20. Jahrhunderts, insbesondere von Félicien David, Louis Benedictus, Claude Debussy, Béla Bartók und Alan Hovhaness, die in ihrer Beziehung zu den jeweiligen ethnisch-kulturellen Vorbildern untersucht werden.

Band 3

Stephan Schmitt

Es war die Nachtigall
Klavierstücke mit Imitationen von Vogelstimmen

Inhalt: Schon in frühen Kompositionen für Tasteninstrumente finden sich Beispiele für die Nachahmung von Vogelstimmen. Die Faszination des vormusikalischen Naturlauts hat in verschiedenen Epochen und Stilen Komponisten zu ungewöhnlichen klanglichen und spieltechnischen Experimenten gereizt. Dabei bleibt die Imitation meist nicht Selbstzweck – der Vogelgesang weist über sich hinaus und wird zum Symbol: Natur als romantisch idealisierte Gegenwelt zur Alltagsrealität, Vogelgesang als himmlische Musik im doppelten Wortsinn. Verblüffende musikalisch-klangliche Neuerungen verdanken sich dem Vorbild des Vogelgesangs; und daran lassen sich weiterführende geistesgeschichtliche Fragestellungen anschließen: Aus Untersuchungen kleiner Klavierstücke aus verschiedenen Zeiten entstehen somit Absätze einer Musikgeschichte aus der Vogelperspektive: Aneignung von Natur durch den musizierenden Menschen.

Band 4

Angela Lettner

Gebet auf Tasten
Religiöse Klaviermusik

Inhalt: Was steht hinter Titeln wie „Gebet“, „Lobpreisung“ oder „Meditation“? Was haben all die akkordisch ausharmonisierten oder variierten Kirchenchoräle in Klaviermusik zu suchen? Eine mögliche Antwort darauf: Derartige Klaviermusik ist religiös deutbar. Verinnerlichtes Klavierspiel als personaler Ausdruck innerer Bewegung kann religiösem Empfinden sehr nahe sein: Klavierstücke aus verschiedenen Zeiten bieten so Ansatzpunkte für eine Betrachtung des Religiösen unter dem Gesichtspunkt der musikalischen Gestaltung und den darauf basierenden individuellen Rezeptionsmöglichkeiten. Es läßt sich darstellen, daß sich für religiöse Inhalte bestimmte musikalische „Topoi“ ausgeprägt haben, die gerade in einer nicht funktional der Religionsausübung verpflichteten Musik den religiösen Anspruch verdeutlichen.

Musikpädagogische Impulse

ab Band 2
hrsg. von Peter Ackermann und Ulrich Mazurowicz

Die Reihe „Musikpädagogische Impulse" will mit Arbeiten bekannt machen, die in ihren Fragestellungen und Methoden ungewöhnliche Perspektiven eröffnen und – wo sie selbst nur vorläufige Antworten finden – weitere Studien nahelegen. In der Regel wird es sich um Dissertationen, Magister-, Diplom- und Examensarbeiten handeln. Die Reihe nimmt nicht nur den schulischen Musikunterricht, sondern alle musikpädagogischen Tätigkeitsfelder in den Blick. Sie wendet sich nicht nur an Wissenschaftler, sondern auch an solche Leser, die in der musikpädagogischen Praxis stehen.

Band 1

Heide Vogt

Die Persönlichkeit des Instrumentalschülers im Einzelunterricht

Inhalt: Die Studie geht von dem Grundgedanken aus, dass Instrumentallehrer ihren Unterricht wesentlich verbessern und Problemen wie Übeunlust oder Vorspielangst effektiver begegnen können, wenn sie die Persönlichkeit ihrer Schüler stärker in den Unterricht einbeziehen.

In einer Fallstudie mit vier ihrer Blockflötenschülerinnen versucht die Autorin mit Hilfe verschiedener psychologischer Testverfahren, durch Gespräche, mittels eines praktischen Versuchs und anhand eines Elterninterviews, ein Bild der Schülerinnen mit ihren den Instrumentalunterricht betreffenden individuellen Voraussetzungen, Zie-

len, Bedürfnissen und Motivationen zu gewinnen.
Im ersten Teil der Studie werden die Methoden der Untersuchung ausführlich dargestellt. Im zweiten Teil werden die Versuchspersonen mit ihren individuellen Problemen beschrieben, die Ergebnisse der Untersuchung dargestellt und interpretiert sowie Konsequenzen für den kommenden Unterricht gezogen. Im dritten Teil werden die Ergebnisse zusammengefasst und einige der im Laufe der Untersuchung gewonnenen Erkenntnisse auf den Unterricht mit anderen Schülern übertragen.
In einem umfassenden Dokumentationsteil werden die bei den Tests gewonnenen Materialien (Erzähltest, Motivationsmaltest, Kärtchenlegetest, Familienklebetest, Drei Wünsche, Praktischer Versuch, Schnipselklebetest und Vervollständigen einer Geschichte) für alle vier Schülerinnen zusammengestellt. Dies soll nicht nur die Anschaulichkeit erhöhen, sondern auch dazu anregen, die Versuche mit eigenen Schülern durchzuführen.

ISSN 1433-7207 ISBN 3-929379-00-7 ISMN M-50102-002-7
124 Seiten, 21 Abbildungen 28,-DM

Band 2

Elke Heinrich

Komponieren im Spannungsfeld von künstlerischem Anspruch und pädagogischer Realität. *Eine Untersuchung zur Problematik pädagogischer Musik am Beispiel des Schaffens von Christian Ridil*

Inhalt: Es ist unbestritten, daß ein guter Musiker nicht vom Himmel fällt, auch wenn das eine oder andere „Wunderkind“, deren die Musikgeschichte ja einige erlebt hat, diesen Gedanken nahelegen könnte. Nichtsdestotrotz gibt es viele Menschen – und diese nicht nur unter den Berufsmusikern –, die ein hohes Niveau beim Musizieren er-

reicht haben. Sie alle begannen in der Regel mit Schulen, Etüden und leichten Stücken und sind im Laufe der Zeit zu immer komplexeren Werken vorgedrungen. Oft zeigte sich auch, daß Stücke, die bereits am Beginn der musikalischen Studien gerade noch technisch bewältigt werden konnten, erst nach langer Zeit wirklich verstanden wurden und musikalisch adäquat umgesetzt werden konnten. Dieses Verständnis für Ausdruck und Inhalt von Musik entwickelt sich meist nur allmählich an entsprechenden Beispielen.
In dieser Arbeit wird nun der Frage nachgegangen, wie Musik beschaffen sein soll, die nicht nur den Spiel- und Bewegungstrieb von Kindern befriedigt, sondern darüber hinaus auch dem Anspruch gerecht werden kann, eine solche Musikalität zu fördern. Einer kurzen Darstellung der Entwicklung pädagogischer Musik folgt eine Gegenüberstellung von Meinungen und Zitaten einiger Komponisten von Johann Sebastian Bach bis zu Karlheinz Stockhausen zur konkreten Umsetzung pädagogischer Ideen in Spielliteratur.
Konkretisierung erfährt die Thematik am Beispiel des in München ausgebildeten Komponisten und Schulmusikers Christian Ridil, der heute als Universitätsmusikdirektor der J.G. Goethe-Universität in Frankfurt am Main tätig ist und dort mit vielen vorwiegend aus Laien bestehenden Ensembles arbeitet. Er wird mit einem kurzen Lebenslauf, einem Interview und der Analyse mehrerer seiner Vokal- und Instrumentalwerke im Hinblick auf die oben skizzierte Fragestellung nach dem musikalisch-ästhetischen „Wert“ solcher Kompositionen, die speziell für Schüler entstanden, vorgestellt.

ISSN 1433-7207 ISBN 3-929379-02-3 ISMN M-50102-001-0
176 Seiten, 2 Abbildungen, zahlreiche Notenbeispiele 38,-DM

Musikwissenschaft

Claudia Döbert

Die Musiksammlung der Grafen zu Solms-Laubach: Instrumentalmusikdrucke bis ca. 1850

Claudia Döbert hat die Bestände der bislang unbekannten Notensammlung der Grafen zu Solms – Laubach gründlichst gesichtet, geordnet und nach wissenschaftlichen Kriterien einen Katalog für die Instrumentalwerke erstellt. Sie hat damit einen wichtigen Beitrag zur Musikbibliografie des Landes Hessen geleistet.

Der Einführungsteil informiert ausführlich über Entstehung und Inhalt der Sammlung. Bei näherer Betrachtung des Katalogs wird deutlich, dass der Bestand eine ganze Reihe von Kostbarkeiten enthält. Erwähnt seien der Erstdruck von Beethovens Klaviersonaten op. 2, der äußerst selten ist, sowie der Erstdruck der Sonaten für Violoncello und Klavier op. 5, ebenfalls ein Rarissimum. Hervorzuheben sind ferner die zahlreichen verlagsgeschichtlich bedeutsamen Stükke – etwa Drucke des Frankfurter Verlegers Dunst, die in öffentlichen Musikbibliotheken zu den Seltenheiten gehören.

In dem Katalog sind 372 Titel wie folgt bearbeitet: vollständige Wiedergabe des Titelblatt-Textes, Erwähnung bildlicher Darstellungen, handschriftlicher Besitzvermerke, Händlerstempel..., soweit möglich Datierung, Hinweise auf die Druckart und den Zustand des Exemplars. Durch die Einbeziehung schöner Titelblätter erscheint die Arbeit nicht nur als Gewinn für die Forschung, sondern auch als erfreuliche Lektüre. Sie umfaßt des weiteren ein Verzeichnis aller im Katalog vorkommenden Komponisten und Bearbeiter mit Lebensdaten.

ISBN 3-929379-04-X ISMN M 50102-013-3
143 Seiten, 25 Abbildungen, DIN A 4 55,- DM